violenta
eduardo ruiz

organização
rosana martinelli

1ª edição

Copyright © 2012 by Eduardo Ruiz
Copyright do Prefácio © 2012 by José Possi Neto

Grafia conforme o Acordo Ortográfico da Língua Portuguesa

CAPA E PROJETO GRÁFICO
Rosana Martinelli

REVISÃO
Larissa Lino Barbosa
Renato Potenza Rodrigues

Dados Internacionais de Catalogação na Publicação (CIP)
(Câmara Brasileira do Livro, SP, Brasil)

Ruiz, Eduardo
 Violenta / Eduardo Ruiz ; organização Rosana Martinelli. — 1ª ed. — São Paulo: Quatro Cantos, 2012.

ISBN 978-85-65850-01-8

1. Poesia brasileira I. Martinelli, Rosana. II. Título.

12-08087   CDD-869.91

Índice para catálogo sistemático:
1. Poesia: Literatura brasileira 869.91

Todos os direitos desta edição reservados em nome de:
RODRIGUES & RODRIGUES EDITORA LTDA. EPP
Rua Irmã Pia, 422 — Cj. 102
05335-050
São Paulo — SP
Tel (11) 2679-3157
Fax (11) 2679-2042
www.editoraquatrocantos.com.br

prefácio

Certa vez, assim que voltei a viver em São Paulo, em 1979, uns amigos me levaram pela primeira vez a uma cartomante, tratava-se de pessoa muito simples, bastante ignorante até, o que impossibilitou qualquer identificação e prejudicou muito a possibilidade de diálogo. Mas confesso que alguma capacidade de vidência ou intuição privilegiada ela possuía.

Na época, meu trabalho como diretor de teatro era praticamente desconhecido, portanto, ela não podia ter referências sobre mim, eis que em dado momento ela faz o seguinte comentário:

— Que lugar é esse onde você trabalha que tem tanta luz que acende e apaga, acende e apaga?

Respondi que realmente onde eu trabalhava tinha muita luz que acendia e apagava.

— Bom, eu não sei com o que você trabalha, só sei que se você não fizesse o que faz já estaria num hospício há muito tempo.

Conhecendo tudo o que conheço da obra de Eduardo Ruiz, seus textos para o teatro, sua poesia, seus roteiros para o cinema, tenho certeza que escrever lhe é vital, uma questão de vida ou morte mesmo, que sem a sua poesia delirante ele já estaria num hospício há muito tempo.

Considero Eduardo Ruiz um escritor da estirpe de Jean Genet, as personagens do submundo lhe fascinam, suas imagens são sobretudo noturnas, carregadas de mistério e fantasia delirantes. Diverte-se em misturá-las com personagens extremamente caseiras, "família", e ao realizar essa alquimia aproxima-se de Nelson Rodrigues, colocando no centro da família a razão de todos os conflitos, todas as taras.

A emoção e a sexualidade dos seus versos estão sempre tatuadas na carne das personagens. O Inferno e o Paraíso se materializam através de delírios sensoriais protagonizados por lágrimas, saliva, sangue, entranhados nas unhas, na pele, nos cabelos, nos pelos, nos membros das suas personagens. Descende assim também de Rimbaud e de todos os poetas malditos.

Encena com liberdade assustadora situações e cenários onde a palavra é palpável porque se torna imagem pura e seus argumentos instauram universos possíveis somente em sonhos ou pesadelos. Rouba para si a liberdade que já foi de Fellini e de García Márquez.

Mas Eduardo Ruiz é acima de tudo um escritor brasileiro, brinca não só com a língua portuguesa mas principalmente com nossa identidade, é sofisticado na forma e extremamente simples. É "caipira". Sua vivência no interior de São Paulo é traduzida em imagens e metáforas tão provincianas que sob sua óptica se transformam em universais porque tocam a essência, o fundamento de uma cultura, a identidade de um povo.

Violenta me toca, me comove, porque essencialmente fala do mistério da vida, da morte e do amor. Bom, até aí... todos já se aventuraram a filosofar e besteirar sobre, mas neste livro Eduardo Ruiz reúne poemas que desenham no seu conjunto um homem que se espanta diante da vida e que convive promiscuamente com a morte, passa de um lado para o outro como se poderes sobrenaturais tivesse, parece ter um corpo metade enraizado na terra e metade volátil, disperso no ar, no éter... no céu?

Eduardo Ruiz consegue nesta sua poesia fotografar a alma de um povo que em tudo acredita e com tudo se espanta, que é essencialmente Pan, cuja moralidade é completamente amoral e onde sonho é realidade e realidade, tudo que se puder sonhar.

Conheci Eduardo Ruiz atrás do balcão do bar Ritz, preparando drinques temperados com piadas viperinas e comentários dignos de um roteiro de Almodóvar.

Certo dia ele pediu meu e-mail, pois queria me mostrar alguns de seus poemas. Confesso que não o levei a sério, esperei mais uma piada mordaz via e-mail.

De repente, me deparei com uma obra densa, inteligente, que fascinava e incomodava. Quis saber mais, foi então que conheci seus textos de teatro e toda sua imensa produção.

Violenta é sua primeira publicação, e sei que muitas outras virão porque precisamos avidamente de conteúdo e inspiração com a qualidade que nos fornece Eduardo Ruiz.

José Possi Neto

violenta

Viver tem sido
Reunir objetos
E perder ilusões

a vontade de sangue dos leões

Quero sussurros
Mas centenas de bocas
Gritam na minha frente

Quero aliviar a mordida dos teus dentes
Com um afago em teu rosto
Mas meus dedos esmagam o teu queixo
Com a vontade de sangue dos leões

Quero dormir ao teu lado
Mas uma legião de corpos
Rola sobre o meu
E meu sono se debate com eles
Para proteger teu descanso

Quero secar o chão para os teus pés
E tempestades despencam dos meus olhos
Afogam teus joelhos
E inundam teu umbigo

Quero apenas te dar um único abraço
Mas o comprimento de todos os braços
Que tive desde que nasci
Enrolam-se ao teu redor

Já até morri duas vezes e voltei
E continua assim
Tudo é excesso
Quando se trata de ti

fim do mundo

Quis acabar com o mundo
Cobriu as orelhas
Apertadamente com as mãos
Fechou os olhos
Estava quase conseguindo
Mas um cachorro
Lascou-lhe a língua nos dedos dos pés
Lembrou-se então dos beijos
E o maldito mundo dobrou de tamanho

a praça dentro da gaiola

É um precioso bando de aposentados
Rondando a nascente do dia

Sete horas em ponto
Eles invadem a praça
Com os galos e as andorinhas no colo
Caçando casos

O neto do Agripino
Tem quase cinco anos
E não fala

O bisneto do Tonho pisa torto
No canteiro em que o Dito insiste em plantar flores
Que não desabrocham

Pior de tudo é o Gustim
Que resolveu quebrar a ciranda da ranhetice!
Parou de ir dar corda na teimosia das manhãs

Agora prefere lavar a calçada
E assoprar o alpiste da gaiola dos canários
Ninguém suspeita
Mas cada passarinho tem o nome de um amigo
De trás de anteontem
Que nadou com ele no rio que já secou
Lá na estrada dos coqueiros

Sobrou medalha de primeiro lugar
Na gaveta, junto com o santinho
Da missa de sétimo dia do Irineu

Os aposentados da praça
Competem pra ver
Quem vai inventar um problema
Do qual o outro vai palpitar

*

A vida vai se ocupar
E no afã das razões
Criar caras viradas
Que serão esquecidas
No cochilo de depois do almoço

Os que enviuvaram
São consultados nas horas de calamidades
Como quando os remédios
Do dono da mesa de baralho
Pararam de funcionar

Então os viúvos respondem
De boca fechada
Passando o pente de bolso
No resto dos cabelos
Nas cabeças que pensam coisas
Que ficaram brincando lá
Quando a praça nem era praça

Fazer o quê?

E todos quase caem
Na armadilha do abraço
Antes de voltarem a insistir
Que não estão com medo de se perder

planície do mosquito

E pensar que suportei tanto
Três vezes me repeti em meu limite
E não vamos terminar nunca
Não lançaremos realmente ninguém ao inferno
Tolerei teu duplo coração em juventude
Teus amantes, teus gozos repentinos
Tua falta de poder em me fazer sentir
Ser o homem
Que tanto te escrevi
E não leste

Pensar que o amor já acabou há muito tempo
E mesmo depois da tua febre falida
Ainda quis te apedrejar, quis tua morte
E o sumiço da tua estadia em mim

Pensar que não mais te pedirei cuidados, sustos
Manhãs de sábado vadias. Nada. Mais nada
Não vou querer nem que saias daqui
Pelo contrário, fica!

Este é o tempo da indiferença da tua beleza
Esta é a hora da plena anulação dos teus infernos
Trarei duas xícaras de chá; beberás uma se quiseres
Senão os mosquitos o farão por ti

Pensar que já te pedi licença para apagar a luz

Sei que também sou nulidade em teu coração
Graças alcançadas
Pensar que teu vulto ao meu lado
Terá sempre um crescente tom de planície

E nem mais pensar que houve um dia
Mentira, umas dúzias deles

Que jurei na lama do teu suor
Jamais chegar a entrar nessa quietude de agora
E me faltam calores
Para te avisar que um mosquito deitou na tua xícara

calmatório

Afloraram as plantas
No quintal
Enfim

E louvados sejam
A felicidade tripla
Os botões abertos
As cores feitas
Meus olhos sadios

Não fosse suficiente
Desceu uma ave entre as flores
Para mim ela é um anjo
Para minha fantasia ela é Deus
Velando suas obras

O manso em mim
É a estrada de cascalhos
Que ata mãos entre o jardim
E a soleira da porta

O milagre é a luminosidade
A miscigenação
Do claro lunar ao solar
E essas duas deusas
Aos mortais cristais em meus cílios
Aleluias!

O ser em si
É um esplendor
O mundo
O enorme pai
Desses brandos instantes primaveris

Nunca pensei
Que suportaríamos
Tanta maravilha

★

O melhor do coração humano
É a capacidade de sentir espanto
E quase chorar num dia desses

O melhor do universo
É que ele cabe nos meus olhos
Entupidos de quietude

sem santo

Hoje ninguém mais
Tem o poder
Da dor na minha pele
Não existe mais ar com pânico no meu bairro

A cura é exercício de heróis
A falta de medo é um dom
Para os deuses
O perdão é para o homem
Além deles dois

Hoje ando sem medo pela rua
Cruzo tua porta
Com perdão redobrado e respeito

A infusão de ervas
Para calar a ladainha chegou
E a garganta fechou cerco
Contra o cão do choro

Hoje a tua porta
É um altar sem santo
Ali está
Sagrada mas vazia
E quando nela surge o santo
Em mim acontece o mais milagroso dos infiéis

hotel vitória

Ela disse antes de desistir de tudo:
— Há uma diferença gritante
Entre dançar no claro e no escuro

Depois procurou
No quarto aberto às visitações do mofo
O quadrado de luz piscante
Que o luminoso fazia no chão

Entrou ali
E não deu verbos a poemetos
Que estavam em barulho mexido dentro dela
Coçou quase que aflita demais os dedos do pé
Que esmagavam-se
Entre as treliças prateadas da sandália

Ela perguntou antes de sair:
— Será que ele ainda vem?
— Não, senhora.

Ela não chorava
Ela não saía
Saiu
Deixando um papel dobrado perto da cama
— Se ele vier lhe entregue aquilo, por favor.
E coloque aquela música
Que tocava no alto-falante às três e quarenta e cinco
Hora em que eu ainda acreditava no amor dele

Ela sumiu
As baratas levaram o bilhete para o inferno
Ele não veio
Ela foi um sopro
Que os tijolos da parede chuparam para o nada
E a luz agora pouco importava

a visita do circo

Eu não estava pronta
Mesmo que tão velha
Para estar assim
Exposta às cercanias da solidão

Nunca tive tanto medo do mar
Por ele parecer cada vez maior
E eu cada vez mais dissolvida
Quando ele me lambuza os pés

Eu não estava completamente forte
Para abaixar a cabeça
Enquanto subia as escadas da ladeira hoje cedo
Eu subia sozinha

E o rosto do abandono
Não se deve mostrar aos meninos
Que riscam a giz seus nomes no chão
Que em breve abrirá seus braços para mim

Eu não sei o que fazer
Com a falta de flores
No vaso para murcharem
Enquanto até hoje, mãe
Eu fumo escondida da senhora
Atrás do circo que todo ano aparece
E todo ano me encontra
Com menos um ao meu lado

Estou só, enfim...
E não reservei para esse momento
Nenhuma lágrima
As águas do riacho lá atrás de casa
Continuam caindo nas pedras
As minhas, contudo
Secaram nessa manhã

en dehors

I

FÊMUR

Transfigure-se em Fêmur,
Brahman, disforme de tudo
Que se apresenta por trás dos nossos olhos
E me fecunde
Com a engenhosidade
De um espírito
Beijando a língua do outro

Pegue-me no colo
Com a força de Atlas
Segurando nos ombros o mundo
Só que dessa vez o mundo metafísico

Sou da mesma fibra que inspirou Prometeu
A criar a humanidade
E hoje peço por coisas diminutas
Perdida no meio da raça
Que devora a si
Eu
Eu
Eu
Eu
Eu
Não!
Brahman!
2
3
4
5
6
7
8

8000
Não 1
1 é a barganha da solidão
1
1
1
De agora em diante
Que sejamos no mínimo
Pai, Filho e a Mitologia
Do que nisso descambarão as coisas!

Não, Brahman
Não nos deixe nunca mais no Eu
Lance-nos no seu Trimurti
No seu triângulo amoroso hermafrodita
Com Shiva
Que através do fim
Presenteia com o começo
E Vhisnu que em tudo penetra

Contenha-nos, Brahman Absoluto
Que a tudo contém
E não é contido por nada
Primeiro sem segundo
Saído de uma flor de lótus
Do umbigo da sabedoria
Nadando no mar de leite
Ensine Caim a atravessar de costas
O Jardim do Éden
E a ressuscitar o irmão!

O amanhã é um embrião do agora
Então venha e me parta em sete universos
Acontecendo paralelos
Para darmos conta de entendermos
O nó na garganta

Ateie fogo no almoxarifado das ignorâncias
Benza com chuva brava a vontade que temos
De termos menos tempo desperdiçado

*

Encaixe seu fêmur no que é água
Com a astúcia dos seis Titãs machos
Com a delicadeza inversa
Dos varões apaixonados
Desmembre o amor do medo que ele tem dele

Arranque carne das nuvens com pedra lascada
E distribua na boca dos anseios

Ponha-me sacrossantamente pagã

Use de travesseiro para me deitar
O oásis
Onde a culpa e o remorso
Afogaram-se no afã de seus vazios

Preencha-me com o calcário das metáforas

Sejamos nenúfares
Desabrochados nos músculos
Das vozes que o choro engole

Venha faraônico
Fêmur do primeiro passo dos bípedes

A dança é a tentativa de alma do osso
E a sua resposta é durar para sempre
Ele pode não ter lábios para um sorriso
Mas tem a arcada dentária
Da História a seu favor

Venha, Fêmur Panteísta
Porque você pode não ceder
Mas é o chão do movimento
Venha, ímpeto masculino das monções
Erupção violenta dos trovões
Cantando nas costas da chuva
Venha

Debaixo da coberta da pele
Dos sentimentos puros
E crie um rito de beleza
Que se aproxime mais de não ter fim

Venha
Foi para isso que coloquei nos homens
A sede de sangue dos leões
E lhes emprestei o torpor
Da barra da saia das noites
Shanti

II

Quero quebrar a rotina das coisas
Que viraram coisa nenhuma
Mesmo que eu empreste meus movimentos
À estranheza do que calamos

Mesmo que eu me perca nas primeiras noites
Que foram escurecidas sabe-se lá por quem
Mesmo que descambemos todos
Aos redutos das nossas misérias
E sejamos mendigos emocionais
E cruéis, lambuzadamente cruéis
E invejosos da juventude alheia

Mesmo que eu grite com as gargantas inflamadas
De todos os poros até a rouquidão de todas as almas
Eu vou lavar suas roupas
Eu vou parir seus filhos
Eu vou dar sopa na boca da sua mãe
Eu vou desligar o rádio
Quando você envelhecer na varanda

Eu vou murchar ao lado da sua cama
Vou odiá-lo publicamente sem sair de perto
E se preciso for, vou colocar veneno
No seu chá de camomila

*

Porque eu sou raiva e flor de maracujá
Sou uma bailarina
Me contorcendo no éter da memória do mundo
Com o simples trabalho de dar voz
Ao que a voz não fala

III

Ahhhhhh!
Basta!
Meu amor, chega!

Não
Não se trata disso!
Não se trata de nada!

É como se fosse, se fosse
Uma maresia do sangue
Só que composta na lua minguada
Que escondeu de Sol a alma

Não, não é tédio
Mesmo porque quando você intuiu que ele chegaria
Eu já estava entupida de Arte até os calcanhares

Não há entre os idiomas um só fonema
Que expresse o gemido
De quando eu traduzi Deus em sexo
E o devolvi depois de quinze minutos
Ao nada!

Não é vazio
Porque uma legião de insanidades não deixa
E também não é uma matilha de loucuras
Que se tranque entre tijolos

Só nos foi pedido para escrever
Todas as artes sem uma única letra

Então vamos jantar todas as agonias
Que cada artista vomitou sozinho
E sem querer
Explicou melhor a humanidade a Deus?

Ah!!!!
Como são repetidas essas dores
Como perduram as descrições do amor
E como partem os corpos por onde ele dança

Cada um de nós é uma dramaturgia solitária
Um grão perdido no universo
Por isso vejo um Shakespeare em cada estrela

IV

Precisou cair o lençol do céu
Em forma de mar nas nossas cabeças
Para que regidos pelo sopro das baleias
Flutuássemos nos braços uns dos outros

V

DESCALÇA NO INFERNO

Eu só deixei de começar a intuir os farelos do egoísmo
Depois de rastejar descalça no inferno
Nos desbotamos nos outros sem pedir perdão
Viver é uma eternidade de vaidades

Está com medo, amor?
Que bom
O medo é o irmão incestuoso da vida

Cruze de novo suas pernas nas minhas
E deixe que o mundo se resolva lá fora
Caso ele não se desfaça em erros
Façamos nós os nossos

*

Volte!
Volte!
Volte!
Volte!
Volte!
Traga de volta a gafieira dos seus erros
Porque o que foi
Pode ter me levado junto

Dobrou a esquina do inferno enquanto eu uivava?
Ordinário!
2
2
2222222222222222222,2 pra lá, 2 pra cá
Esqueceu?
Lembra?
Lembra que os seus pelos são o meu chão?
Eu lembro!
Eu lembro
Lembro...
2 pra lá, 2 pra cá
A memória é o meu veneno...

Um disco gira na vitrola
E a paixão, meu bem
Roda, roda, roda, roda, roda, roda
E cedo ou tarde
Ajoelha no altar das lágrimas

Vai chover,
Vai passar um filme de romance na TV
Esse ano vão construir uma ponte
Que vai levar o desespero a lugar nenhum...

Tenho tido tanta vontade de não fazer nada
Dentro dos seus braços
É pra isso que dão o nome de sossego?

Eu preciso que você me encontre
Nua nos sertões dos meus limites
E me diga que seremos capazes
De esperar a lua estourada da caatinga
E com essa promessa debaixo da língua
Eu vou dormir acreditando nos vestígios dos seus beijos

É só com essa raiz da esperança bordada na alma
Que uma mulher pode entrar no mundo dos sonhos
Salve as sálvias...

VI

SOSSEGA

Sossega
Segura na tua própria mão fria e fica quieto
Larga tudo que estiver em cima da tua pele assustada
Deita com o rosto na terra
Chama por ti sem mover um cílio
E escuta
É certo o choro e o desespero
Mas nesse momento
Abstrai
Ganha coragem
Pior do que perder a vida é nela não insistir

Só há um fim
Mas existem muitos meios no caminho

Por isso
Uma só vez
Não caminhes
Desaba em sonhos e nada
Porque se sonhas
Não precisas estar rodeado pelo cansaço da realidade

Se vieres
Chora

Se vieres
Desmonta
Mas sossega
Senão tudo é vulto desatinado

Só por agora
Solta
Depois pega de volta
E continua
Até a carne virar ilusão

VII

ETERNIDADE LATEJADA

Dancemos, Florbela Dalma Espanca
É na imaginação
Que meus rastros latejam melhor
É nos destroços do tempo
De todas as Eras caindo
Nas costas dos violinos
É na crise de arrepios
De todos os pintores
Chorando pelas mãos

São as primaveras suspensas
Nas Babilônias de um jardim de letras
São sarcófagos de películas fellinianas
Onde repousam fetos
De poetas rascunhados por da Vinci

Dancemos, sem nenhum pino de ferro
Impedindo a fluidez da coluna vertebral
Das nossas cores, Frida!
É do parapeito da minha janela
Que deixei uma erva ir além
Enquanto eu retocava o horizonte com as unhas
O Amazonas se alastrou pelo meu quintal...

Agora a pele aceita o perfume dos sabões
Enquanto os pés desentendem a insanidade do chão

Dancemos sobre as ruínas das certezas
Para sairmos disso
Com a graça de um fauno
Dando uvas na boca das virtudes, Nijisnky

E se ainda restam dúvidas que eu sou o Mar
Com meu útero cheio de vida
E que o balé das luas me enche de ressacas e cios
E se ainda há dúvidas
Que eu faço água na terra e nos olhos
Fica com ela

Dancemos às cegas pelos cafés, Pina
Estamos todos na troca
Do primeiro pro segundo ato dos amores
Esperando a alegria nos braços de todas as Cacildas
E cadê Godot?

O lençol da minha pele
Que se empreste de cortina
Porque o que não cabe atrás dela
Se coubesse em si
Seria o primeiro teatro laboratório das delicadezas

Dancemos descalços pela primeira vez, Isadora
O egoísmo é uma ferida
Que o sonho fecha
Mas não é dormindo que homem faz amor
E o sonho que busca o outro
Refaz de falta de matéria
Do grande palco das almas
E é nesse palco que eu retumbo serena
De dar soco no estômago!
Lúcida de perder a quimera da existência
Simples
De caber na raça humana

Dancemos
Porque vencer o hospício das feridas
Desmitifica a miragem das encarnações
Não desmitifica, Artaud?

Dancemos, Maurice Bejart
O que a barbaridade alcança
São ciscos
Mas os que dela não se fiam
São luzes

Somos atletas emocionais
À beira do último fio da última borda
Do primeiro segundo do nunca mais caber
No mínimo de nada, Ansaldi!

E antes de devolvermos
A carne que nos foi emprestada
Dancemos, dancemos, dancemos
Em louvor ao sangue
Com o qual transitamos nus
Pelas minúcias que compõem
A epifania de uma vida, Martha

Dancemos
Livres
Marias e Madalenas
Dancemos
Evas e Iemanjás
Dancemos
Que a palavra não pode com o sopro
Tampouco o corpo com a Eternidade

sonhos

Mas, meu amor
Desaprende os sonhos
Neles é fato que meu rastro mora
Meu cheiro insiste

Então
Quando descerem os sonhos
Manda-os embora
Com as mãos abanando

Abandona o sonho, amor
Senão
Amanhecerei sentado no teu colo

a véspera da poesia

O animal vira poeta
Às vésperas da morte
Não porque quer
A poesia vem de mando próprio

Cerca a casa
O muro ela derruba
Chama de volta os restos
Que o animal perdeu
Em lutas de amor

Rende a tapas o coração
Odioso de seus inimigos
Benze tudo e tudo perdoa

O cabelo do animal cai
Os dentes tropeçam na raiz
A pele murcha

Mas pela primeira vez
O animal é inteiro
Cheio das suas maravilhas
Mas pouco para tanto

E é isso que põe fim às carnes
Muita poesia
E pouco espaço

a arrumadeira

Não respeitou a janela e a cortina dela
E entrou pelas paredes
O vento frio do inverno
Em que me perdi daqui

Passou gelo na minha pele
Roeu meu sangue inerte
Colocou imensidão oca
No lugar de onde saía o fogo
Para alimentar meus ares e líquidos

Depois disso vivo da caridade da arrumadeira
Se ela me abre a porta vou à rua
Se ela me solta as mãos perco o passo
Quando ela tritura os pães perco a anemia

As folhas estão secando lá no quintal
E a cada queda delas estalam os gravetos
Do meu coração afogado
Todo inverno coloca interrogações aqui na vila
Mas nunca nenhuma delas
Havia me posto tão prejudicado de mim

Então, depois da cama feita
Do leite no copo
Do lençol esticado
A arrumadeira reza um terço em meu ouvido
Enrola lã em meu pescoço
E sai de casa com os olhos em lenha

Pode ela arrumar o caminho para os meus pés
Não pode ela ensinar a eles o caminho até mim
E ficamos perdidos no meio do corredor escurecendo
Eu, o gelo, as unhas estagnadas
E a mão à procura da tua

Nunca acha
E o leite esfria e azeda
Para que a arrumadeira
Tenha o que fazer amanhã

Além de nos deitar ao sol frio
E nos ver em promessa de equilíbrio
E falta de fome

No verão decerto a gente piora
No verão a gente perde mais água
No verão é mais claro
O rastro que deixaste

deita com os colibris

Deita com os colibris, meu amor
E deixa que eles te tragam aqui
Ao meu lençol almiscarado
Para que eu possa dar na tua boca
Os grãos do cacho de corações
Que por ti frutifiquei

Deita comigo no cascalho
Que minhas abelhas enceraram com meu suco
E ali dorme depois da reza
Que te escreverei nos lábios
E ali come da minha seiva
E desrespeita minha pele

Deita com teus braços abertos
Que cantarei para tua aprendizagem de voo
E quando tua sombra nublar lá do alto
Meus ossos aqui em baixo se abrirão
E passarás a morar dentro desse cercado

E eu engolirei teu nome
Puxado da tua língua
Para que não te esqueças dele
E não me abandones
Quando bocas impuras
Chamarem por tão belo poema
Que é o teu contorno

a reclusão das palavras

Tenho falado muito pouco
Com os vizinhos
Com os parentes
Com as paredes
Tenho medo
Que num relance perguntem de ti
E a morte volte a me esmiuçar
Com suas patas fortes

Não que falar de ti estrangule-me a garganta
É meu espírito só que não suportaria
É meu coração que pede clemência
Sou eu mesma me limpando da loucura

Ah!
Eu falaria de ti até o fim dos meus ossos
Sobre essa cadeira
Eu louvaria tua descrição
A cada andarilho
Que passeia por esse planeta

Mas tenho fechado a porta
Desligado as frestas
Por onde poderiam passar papéis
Com questões sobre tua ausência

Não sabem nada de ti
Tanto quanto eu também não sei
E perguntam
Olham
Sugerem

E eu rezo aos gritos
Não para fazê-los parar
Mas sim para saber
Aonde foste naquela noite

Na qual nunca mais achei um sol
Para apartá-la de mim

Batem à porta
Pobres!
Não desconfiam que não estou
Fiquei presa naquela noite

seca

Acabaram os abacates, Juriema
Tanto no céu quanto na terra
As coisas todas da tua roça, pena
Estão na entressafra eterna

Pequenos gravetos
Nenhuma folha
Nenhuma anunciação de fruto

Talvez seja triste, Juriema
Que venham a migrar por fome
As borboletas que te encantavam

Talvez seja impossível o silêncio fugido
Dos canários-da-terra que o vento arrastou
Lá para a curva
Onde não alcançam nossos olhos míopes

Rubens, sabes muito bem quem é
Não te ama mais
Acontece sempre com os menos afortunados
Acontece sempre com alguém

Não temos conselhos para ti
Salvo os anos que não se foram
Montaram brigada em tuas costelas
Cavouca dentre eles
Quem sabe uma palavra algodoada salte
Quem dera um abacate brote

Se preciso até chora, Juriema
E depois deixa de querer abacates
Rubens e animais

Conspira com teu coração restado
Há de um dia alguém querer ver
Teus dentes em procissão de sorriso
Fica pronta então

natalino joão santo, o cavalheiro

Cabia
Natalino João Santo
No caixote de madeira
Na garupa da bicicleta de seu pai
E cabia direitinho
Debaixo da poeira erguida
Pelo vento ensebado de verão

Com as pernas dobradas
Feito bambus torcidos pela tempestade
O menino pipocava
Pela estrada cheia de cascalhos
As ideias bem coladas ao crânio
Não se mesclavam nunca
Nem manchavam umas às outras

Às vezes o mundo dele se esquecia
E ele, esquecido estado
Exercia sua falta de movimentos
Seis sóis idos
A mãe vinha e limpava
A bosta de galinha em seus ombros
E com água suja de perfume
Rachava-lhe os cabelos bem no meio da cabeça
Fazendo risco ricamente torto e esticado

Ia então à festa triste da missa
Nada entendia dela
Sentava no momento de ajoelhar
E apanhava oco nas costas
Reclamava do tapa
Tomava belisco ardido
Os olhos rezavam nada

Quando foi Páscoa
Deu o chocolate às formigas
E guardou o papel
Transparente-lindo-vermelho!

★

E desde então o mundo ficou corado
Porque os olhos só viam agora
Das éguas às águas
Tudo com o papelzinho na frente
E tudo havia ficado justo
Os vermes na lavagem dos porcos
Eram tão belos quanto as rosas

João Santo era em estado bruto
Ninguém a ele nunca se acocorou
E perguntou:
"Quem está em teus pensamentos?"
Ele gostava de ver o universo de baixo para cima
Por isso não subia nem no telhado
Nem no burro
Nem na cerca
Nem na cadeira da mesa
Comia, quando o fazia, no pé do fogão a lenha
Ou no degrau da porta do quintal
Vendo os mosquitos pestearem as orelhas
Daquilo que chamavam de cachorro
E ele de coiso

Santo Natalino era feliz
Não porque os velhos homens na Terra
O olhassem com olhos de paraíso perdido
Mas sim porque tinha a permissão
De cruzar a linha da morte sem tropeçar
E nas poucas madrugadas de vida que possuía
Havia aprendido delas a leveza dos orvalhos
E com ela regava de maravilhas
O gigantesco nos minúsculos

Ficava mais na companhia de gente morrida
Que passava
Sorrindo para ele
Na lama da frente da casa

Sem sujar as pérolas
Na renda das roupas fantasiosas

Ele gostava deles
E das suas magias de levitação
Mas espantava-os com cuspe
Quando os mortos se repetiam em seus truques

Na verdade já havia tido o prazer
De morrer cento e duas vezes
E isso não contou nem aos marimbondos
Que moravam em seus cabelos
E que quando a mãe os desembaraçava
Viravam vaga-lumes
Mas as borboletas sabiam
Porque eram atrevidas de beleza
E sempre iam com ele
Para enfeitar as nuvens rasteiras do caminho

Gostava de dormir no mato
Entre ervas e ramos estranhos
E ali criou nós de amor com os peçonhentos
Havia entendido o açúcar dos venenos
E os dominado
Deu para guardar aranhas nas panelas
Escorpiões no meio da Bíblia
E cobras na sacola de pães
Pedia-lhes que não maltratassem seus parentes
E eles nem se moviam
Quando eram imperceptivelmente fuçados

Mas o mais curioso
Era que João Santo não crescia
Nem um dedo
Quiçá um palmo
Apenas os cabelos desciam rumo às pedras

E ninguém notou sua pequenez

Morreu um, dois
Morreu cabrito

Nasceu pombo
Brotaram amoras
Secaram chuvas
Fizeram estábulos
Lavaram o alpendre
Queimaram lenha
Puxaram fios de açúcar na abóbora
Para os domingos de visita
E ele nada

Dado catecismo
Lembrou-se Padre Salvo
Do bichinho João, o Natalino
Plantou entre seus dedinhos lápis e papel
E pôs-se a letrá-lo
Na esperança de arrecadá-lo para Jesus
Santo, depois de sete meses
De pelejo do homem bento
Rabiscou no papel um desenho intangível
E Salvo, o caridoso, deu-lhe um tapa na testa
E desistiu do analfabeto cristão

Pai e mãe arroxearam-lhe a mão
Com surra de vara
Prêmio de burro
É pancada

Avó fez-lhe uma enxada de cabo de eucalipto
Trocou pelo lápis
E ele roeu toda a madeira de raiva
Talvez quisesse desenhar seu silêncio
E para o silêncio não precisava das letras
Do homem de saias pretas

Guardaram o papel rabiscado
De volta ao lugar de origem
Que era entre os calcanhares
Da Santa Maria e a bandeja
Onde ela cuidava das velas
Em cima da geladeira

E a Santa Maria gostou do desenho
Pois era o retrato de Deus e até melhorado
Já que em pessoa ele ainda é rascunho

Errados estavam os homens daquelas bandas
Ao pensarem que o menino não conhecia
A grafia das coisas

Santo já sabia formar frases
Antes mesmo de escorregar pela carne da mãe
E o fazia muito com tição de carvão
Rimava palavras pelos ventres dos cavalos
Nas ripas debaixo do colchão
E por todo canto que fosse misterioso

Certa vez bebeu oito minutos
De água corrida da bica
Só para conseguir escrever "João"
Com seu mijo
Conseguiu
E o nome vive lá no estradão abandonado
Que quebra por trás do morro vermelho
Que só ele vê
Pois só ele guardou as lentes das lágrimas
Da ressurreição de Cristo

Quando primeiro morreu o avô
Ele esperou um vacilo do cortejo
E desenhou de novo Deus nas costas do caixão
Sem que ninguém visse
Exceto, claro, o avô
Que agora enxergava pela nuca

Seguiu-se um tempo de paradeira
João abandonou o pasto
Mas ganhou pose de vaca complexa
Sentado no terreiro
Com um anu-preto no braço
Na cabeça da ave um anjo minúsculo

De asas cor de alucinação
E o sol tostando as picadas de pernilongo
Na sua pele ressecada por tanto quietume

Mãe morreu
E o Santo Vaca João
Viu-a sair cheia de uns olhos de entardecer
E pela primeira vez beijar sua boquinha tremida
Para depois subir rolando morro-rubro acima
Ofereceu-lhe o primeiro e único dente
Que caíra dos céus rasos da sua boca

Pai se colocou estranho
E desatinado do senso
Entortou as costas
Só plantou pimenta
E lágrima naquele ano

Depois inventou de encaixotar João na bicicleta
E levá-lo todo dia
A procurar ouro na pedreira
Não achou o pai
E o filho
Comeu umas doze pedras de dourado

Deu que o pai se apaixonou por uma puta da vila
Foi ter com ela a felicidade
Que talvez a mãe não soubesse ter
No molejo do quadril
E esqueceu João na traseira do veículo
Dentro da caixa em que ele cabia até hoje

Às vezes ele voava
Mas resolveu criar raízes no caixote
Virou pura alma
Vazou entre as pregas da caixa
Em forma de libélula
Caiu no chão
E só então virou homem

Natalino João Santo nasceu prematuro
De caso pensado
Pediu a Deus para vir aqui
Cem anos antes de Corinha
Sua amada
Que daqui a pouco tropeçará ali no portão
E o verá pela primeira vez

E como cavalheiro que é
Desceu antes na vida
Para limpar com o lenço da pele do seu peito
O chão que seu amor irá pisar

Vejam, uma moça tropeçou em frente ao João!

Se chegássemos dez minutos antes
Do pequeno acidente
Veríamos uma bicicleta
Andando sozinha naquele jardim
Levando na garupa um caixote
Cheio de lagartixas coloridas

morrer de amor

Quando eu morrer de amor
Será como repor o ramo de cravos
No vestido de noiva de Deus
Que se casou com a própria barriga
E nunca pode sentir saudades

Será um definhar amargamente lento
Uma carícia cristalina na face antiga
De cada lágrima solta
Como num chuvisco quente
Enquanto as vespas santificarão
O apodrecer das frutas brejeiras

Quando o mundo se esquecer
Das minhas miudezas
E o amor vier me recolher
No campo onde brotam as mortes
Haverá uma singular alvura no bojo da lua
Que brilhará apenas para alimentar
Os que estão descobrindo
O princípio do amor

Quando eu não puder mais entender as coisas
E o simples cheiro
Que bordam no vento
As pessoas consumidas
Em sonhos
Vier
E esmurrar-me o nariz
A ponto de eu levitar meu sangue
Então estarei começando a amar demais
E esse será o primeiro gesto
Do meu morrer de amor

Quando até mesmo o deslizar dos pensamentos
Aferroar a garganta da infinita sensibilidade

Que há de encher-me o corpo de formigas
E a alma de Deus
Espezinhando na chuva

Então virá a dor
O odor
E a paz
Que lavam
Vestem
E anunciam
O morto de amor

a judiação vai acabar

Todas essas impossibilidades cairão
Tomara que antes de nós
Mas elas sairão daqui
Nós merecemos
O unguento de sonhar
Que tudo se pode
Mesmo que saibamos que não
Não é hora para negativas
Mesmo porque não temos tanto tempo

Esses desesperos virarão água
E com esse líquido
Ferveremos nossos corações
E beberemos
Quando esfriar
Todos esses transtornos
Como se fossem chá de camomila

Todas as impurezas
Todos os pensamentos menores
Desaparecerão daqui
Porque não precisamos
De nenhum tipo de mesquinharia
Absolutamente não!

Pode não ser simples
Mas pode ser honesto
Não é aceitável
E não deve ser mesmo
Não é ilusão
É a única explicação
E só se explica um homem
Com a intuição do amor

Tudo isso que nos judia vai acabar
Porque nós vamos ter

A gentileza de nos superarmos
E fazermos coisas tão delicadas
Como ter calma
Quietude e humanidade

Por que não permitir
Que essas coisas sejam
O rumo para o nosso tormento?
Somos mesmo os animais mais aptos
À beleza da existência?

Quando pararmos de procurar respostas
Quando formos só o por enquanto
E disso fizermos as maravilhas
Que estão latentes em nós
Então poderemos fazer jus
Porque perambula
No sangue da nossa alma
Sermos esplendorosos

violenta

Queria lhe dizer
Que como um animal racional
Eu perdi a matemática
De quantos fios de cabelo seus
Amanheciam na fronha do meu espírito

Eu gradativamente
Fui recebendo a morte
De braços abertos

Queria tanto que meu nome fosse o seu

Eu me enrolo num pedaço de pano
E tenho a indecência de fingir
Que a sua pele é isso

Não consigo parar de não me suportar
Longe da beleza dos seus cílios

Você dormia tão magnificamente
Enquanto a lua emprestava paro o sol da manhã
A chance de iluminar seu rosto

Volte pra mim
Pelo amor a um Deus
Que talvez nem exista

Venha fazer de novo
Aquele estardalhaço na minha carne
Que só serve agora
Pra ser o berço da saudade
Que eu sinto
Dos seus defeitos

Pare de não acordar mais
Perto do que restou de mim

★

Eu tenho tanta vontade da sua língua
Arrastando-se na minha

São lacrimosos os minutos sem o seu cheiro

Por favor
Venha aqui
E tire o aqui desse peso
Que não é o peso do seu corpo
Sobre o meu

É violenta demais a falta que você me faz

Debaixo do sangue
Entre os dentes
Na raiz das unhas
No cume dos cílios
No mapa para o céu
Que está riscado nas solas dos pés
Nas curvas das pétalas das orelhas
Na nascente das salivas

Acima do ar em forma de choro
Na correnteza dos soluços
No peso de cada encontro de pálpebras
No vestígio do próximo sorriso

Em cada vacilo do silêncio
No segundo ato do teatro das lágrimas
Na primeira intenção de paz dos abraços
Ache-me, por favor

seis línguas para vir a música

Dona Maria teve aquelas três meninas
Que ladeavam a mãe o dia todo
Uma em cada pedaço da barra da saia

Fizeram anos as crianças mas não falavam
Dona Maria começou as rezas
As simpatias
E entregou aos santos

Seu Gusmão teve aqueles três meninos
Que falavam feito peste

Seu Gusmão começou os apelos
As proibições
A falta de sono
E a ignorância das vozes

Um dia botaram as seis criaturas perto
Pensando que os bichinhos se estranhariam

Quando os meninos encostaram nas meninas
O ar abriu a boca
Os homenzotes segredaram
Em suas orelhas as sílabas deles
E elas, senhorinhas absolutas da quietude
Puseram-se a cantar o que ouviam

Pois a cantoria naquelas terras
Nada mais é do que olhar a vida
E lhe dar palavras
Deixar tudo amadurecer no quieto
E depois chorar sorrindo em vozes
De daminhas e cavalheirinhos ruivinhos
Com sainhas e terninhos
Em rendas tramadas à mão

Pezinhos apertados
Em sandálias no chão cru
No centro do Domingo de Ramos
No coreto da praça

inexisto

Não tenho centavos no bolso
Não tenho bolsos
Não tenho calças
Porque não tenho quadris para sustentá-las

Não existo
E para que quereria eu existir
Nesse espetáculo
Onde crianças rangem de fome nas sarjetas?
Para que quereria eu
Ser parte de tanto sangue?

Não tenho moedas
Desprezo-as
Do alto do meu não ser nada
Entendo a não valia da vida ordinária
Nublando essa multidão
De carne rastejante
Que padece pelo mundo

Não tenho rosas
Não tenho remédios
Não tenho por onde ser cruel
Não atrapalho a ingremidez
Dos vermes bípedes meus iguais
Ao redor da água que azedam
E que os mantém em pé
Não entendem
Que a carne é líquida em sua gênese

Mas a dor não precisa de células
É neblina roxa
E o mundo que os compete
É feito de filigranas de barro e grito

Quem pode dissecar meu estômago
Embrulhado perante o descaso
Que cometo contra aqueles
Que tanto não sabem
Da vida e da morte como eu?

Não sei do mundo
Sou depois do velório
Sou os olhos cerrados da morte
Isso é um alívio no meio do vácuo
E mesmo o alívio é nada
Já que não estou em lugar algum

lambaris

Um lambari
Mordeu meu dedo hoje à tarde
Quando fui lavar roupas
Na barranca do rio
Mordeu não. Beliscou
Como eu. Não mordo a vida. Belisco

Gosto muito de lambaris
Não são ornamentais
Também não sou
Não enfeito minha existência
Mas existo
E isso me basta

Às vezes intuo que somos parentes
Porque somos cinza
Depois acordo
O cinza deles brilha. O meu não
Eles usam escamas de prata
Eu roupas fechadas de luz

Nunca mais lavarei roupas na casa deles
Não tenho esse direito
Eles nunca foram trocar escamas
No tanque do meu quintal
A não ser quando os comemos

Ninguém me morde. A eles sim
São reis
Sou plebe aeróbica

polaca

Teve aquela mulher
A outra
Polaca
Que apareceu na má hora nossa
No tempo gritado
Transtornado e nervoso
Da incerteza do amor

Ela te achou num canto da noite
Arranhado de mim até o osso
Perdido
Pegou tua nuca...

Sei que no começo não querias
Lembraste do meu gosto
Contaste a ela
Pediste que te deixasse

Ela te queria como tantas faziam
Disse calmarias e foi macia
Mesmo desgostando
Tua boca conheceu a dela

E então foram longos dias
Em que ela te fez o exato bem
Que eu já não sabia mais
Ela era nova em tudo e era simples

Levou-te com felicidade
Pelos domingos lentos
Pensavas em mim
E querias fechar os olhos

Chegaste em minha orelha
Mais de uma vez
Para dizer adeus
E não conseguiste

*

Ela te lavou dos meus diabos
E por um beijo só
Que saiu torto
Ela não te levou de mim

a vida me transborda

A vida me transborda
Não consigo me encaixar em suas aparas
E tudo me põe excessivo
No momento do mínimo
Tudo me pontua errôneo
No momento da calmaria

De nada sou possível
Além de me ensanguentar para os meus irmãos
E me redimir em letras ocas e papéis mortos
É tristíssimo saber das coisas através da solidão
Das dores secas nas lágrimas
Ao invés do sorriso
Queimado nos dentes dos homens
Vivos por simplicidade

É humilhante entender os mortais
Através dos poemas
E destratá-los com a vida diária
E com isso tornar-se um demônio
Desconhecedor daquilo
Que põe simples o simples
E detestável o sonhador

É quase intolerável
A beleza do nosso coração
Em obras oníricas
E venenosa no mofino do seu ser

Não conheço a vida diária
Mas sou Deus na vida sonhada
E qual será nosso castigo aqui?
Sonho ou lasca seca de pedra?

a lesma

Agora são três passos para trás
E mil minutos à frente
De tudo no mundo

É lenta como pegar os peixes no aquário
E deixar a água parada
A vontade que tenho
De escorrer pelas suas digitais

Se você me ama
Dê-me dez minutos
É tudo que peço
E já chego ao seu encontro

Ao canto da Terra que arrumou
Com traças perfumadas
E suor requentado

Daqui a pouco...
Deverá ser assim de agora em diante
A emergência por você
Já me pôs lascas na faringe

Hoje, mais manso
Faço neblina no fundo do meu pescoço
E o aprendi sem esbarros
Recolhendo tudo que caiu pelo chão
Nenhum pelo nosso para trás

no chão

É debaixo da cama que quero viver
De agora em diante
Porque se sonhar os sonhos do sono
E deles me assustar
É no chão que quero buscar
O bálsamo da valentia

Somente deitada na retidão do assoalho
Consigo me suportar trêmula
Respirando a poeira
De debaixo dos móveis

Assistindo de baixo para cima
Ao espetáculo do vazio em minha casa
Desvendando desenhos ocultos
Nos objetos recém-quebrados
Pelas minhas mãos sem par

Ainda risca a superfície dos meus dedos
A memória da circunferência
Nos fios do teu cabelo

Ainda esbarra lá em cima
Vibrando os cristais do lustre
O eco da tua voz
E ela me castiga
Por ser apenas um pós-som
E não sopro e saliva
Respingando em meu rosto

É deitada no chão
Que dói menos a carne arranhada
Da garganta esfolada em gritos

Aqui, reunida com todos os meus pedaços
Abraçada ao meu joelho

Ouvindo do avesso o ranger do colchão
Quando nele nos deitávamos
É que me socorro de mim
E das minhas manias

Só assim, prostrada nesse semibreu
Onde ainda sobrevivem pelos teus e meus
Meias-luas de unhas roídas tuas e minhas
E o vapor de nossos antigos suores
É que evito ter delírios
De correr ao telefone
E invadir a tua orelha
De abrir a janela
E expor as rachaduras em meus seios
De começar a flutuar
E com isso perder noites inteiras na vigília
Caligrafando no teto o teu nome
Com a ponta feminina da minha língua

Se quiserem falar comigo agora
Terão que deitar
Terão que ser pequenos
Como nunca foi o meu amor por ti

a preta ubiraci

A preta Ubiraci
Tem cabelo ruim loiro
Olho azul
Quadril de vaca
Chora em alemão
Faz cocadas
Vomita em francês
Sobrevive em aramaico
E pinta as unhas com urucum

A preta Ubiraci
Às vezes dorme no chão batido
Com os animais
E mora no mínimo das coisas

Vamos matar a preta Ubiraci
Porque ela tem dois dentes pontudos
Reza para um deus torto
Dá as tetas pra mamar
Nunca soube nada além da caridade
E tem a pele almiscarada de profundidade

Vamos matar
Claro que vamos
Esse é nosso destronca pescoço de descarrego
Essa é nossa limpeza do estranho

A preta Ubiraci também tinha maldades
Mas fritou com óleo de dendê
Colocou coentro
Matou o lado ruim delas
Fez caldo
E nos deu como cala febre
No dia em que viramos as costas pra ela

Ela benzeu
E chorou

*

Vamos matar a preta Ubiraci
Que nos ensinou
Que costas de irmãos viradas
São o espelho do inferno
Saravá!

a anunciação da semente da água

Trago a conta perdida
De cada segundo da minha vida
Semeada na imensidão de poros
Do enorme lençol de pele
Que me embrulha os ossos

Trago o tapete de chuva
Colhido das amoras da tua língua
Banhando os pelos ouriçados da minha nuca
Quando teu amor começa a rondá-la
Sedento por febres

Trago na memória das solas dos pés
Cada arrepio que a terra me emprestou
Através do arranhão verde de suas unhas
Pintadas a gramas e orvalhos
Deitados nos cristais de cada manhã
Que, sorrateira, escapa das presas da noite

Trago também um mundo de encantos
Falhas, rachaduras e fomes
Na correnteza de sangue que me enrubesce a face
Quando as pontas santificadas dos teus dedos
Passeiam no perfume das rosas que se formam ali

Trago nada nas mãos
Senão a maravilha das mãos para que recebam o teu sopro
Porque nelas eu começo
Por nelas eu te existo em matéria
Através delas te deito bênçãos
E te deixo perder para buscar-te
Incansavelmente até o fim da minha vida

Trago o molhado do canto dos olhos de Deus
Não as lágrimas
Mas sim a anunciação delas
Para esparramar em teus lábios

*

Pois quando recolhi essas sementes da água
Era a hora em que em êxtase
O Pai desceu do céu
Correu para o mar
E teve a requintada ideia
Com os pulsos mergulhados no sal
De criar o amor

Trago-te então
A pura vontade de falar do amor

a decisão pelo silêncio

Ando tão perceptiva para os silêncios
Amontoados nas costas de todas as coisas
Depois que você não é mais físico aqui
Que quando encho as mãos de água para lavar o rosto
O peso dela me belisca os dedos

Conversando com ela
E escutando os milhares de vezes
Que ela já subiu aos céus
E caiu nas telhas do meu portão
Sinto que nem isso
Me faz querer estar
Um pouco menos aguçada às saudades

Não há economia da melancolia
Agarrando forte o cano da minha garganta

Ando tão decidida a ficar quieta
Que as poeiras já festejam em meus ombros
E a luz lá fora já nem se atreve
A vir lamber meus cílios

Converso apenas com a água
Pois só ela é dona do silêncio necessário
Para as minhas agonias desta manhã

desmedida

Só teria tranquilidade
Se vivesse trezentos anos
E não as dezenas deles que terei

Então tropeço em tudo a toda hora
Por conta da voracidade
Dos meus anseios
Do medo e da incerteza

Então erro a vida em um só minuto
E deliro
Que a consertarei
Nos próximos suspiros

Mas tudo sai às avessas
E todas as lanças são atiradas
Contra o meu peito exangue

É que às vezes
Nos damos honrarias de deuses
E nos esquecemos
Que somos pura distração
Aos olhos de um Deus
Que, quem garante?
Sabe de nós
Ora por nós
Ou sequer
Percebe nossos tormentos?

susto

Foi como a primeira vez
Em que vi sangue
Entre minhas pernas
E o pânico
A vergonha da minha presença
O medo do meu violeta

Foi como usar água
Para limpar o ar quente
Foi como berrar
No canto do chão do inferno

Foi como a primeira vez
Em que o animal em mim
Conheceu a luz do dia

meu amor

O meu amor
Foi quase todos os motivos
Uma regressão
Um espanto

O meu amor tentou de tudo
Sobreviver
Suicídio
Tranquilidade
E tudo não bastou

O meu amor ofendeu as pessoas
Deixou a vida na sala
Chorando e olhando a parede
Ele se autoviolentou
Desceu ao céu
Trancou a coberta da cama

O meu amor andou miúdo pelos becos da noite
Pensou em vazar seu sangue

Meu amor arrastou-se pelos cantos
Aboliu a ideia de que morreria
E ressuscitou
Apegado às próprias juras que o ruíram

Meu amor foi exposto
Perdeu peso
Perdeu sua infância e com ela
Todos os beijos no escuro

Ele conheceu a dor
Segurou suas mãos
Quando tudo se acirrou irremediavelmente
E chorou

O meu amor um dia atrás do outro chorou...
Prometeu-se sossego
Coragem
Paciência
Apodreceu de angústia
Deixou um fio de nada parti-lo em mil
Unificou seus nervos
Foi reinventado
Arrancado dos infernos e lavado
E vestido para dormir em paz

Precisou da química
Da poesia
Da música
Da mentira
Ele buscou Deus e não saiu ileso
Acendeu os olhos em dias de solidão
Achou o rumo do caos
Esqueceu os passos
Tornou a sorrir

Meu amor cansou
Desistiu
Aturou duas vezes além do impossível
Estirou-se ao sol e ele apagou-se bem naquela hora
Cresceu
Esmiuçou todas as dores que correm nas veias da saudade
Foi embora

Voltou
Perdoou
Torturou
Tornou-se vil
Rendeu lágrimas de humildade
Viu o que não se deveria em sã caridade ver
Desejou dores e perdões
Que não sabia estarem umas em seus dedos
E outros em sua alma

Meu amor perdeu a raiz da paz
Foi quase todos os motivos de vergonha

Nasceu de corpo prematuro
E o coração já morto três vezes por tanto viver

Meu amor é sempre o primeiro susto
E tudo perde e tudo idealiza
E tudo pode com os braços estendidos
Rumo ao oratório do perdão
E as pernas enfiadas nas pernas

O meu amor é ele
Covarde
Como os inocentes não são
Perene
Como ter nuvens presas
Na concha das mãos

Meu amor soluça mudo no pescoço do seu espelho

dois sóis

É que ele andava sempre só
Com ele mesmo
Triste como não saber
O sentido da tristeza
Puro e pronto para reinventar o amor
No coração dos homens

Mas ninguém queria saber desses impropérios
Que reviram a boca da nossa cabeça
E nos fazem erguer as saias
E mostrar as pernas
Para qualquer um que precise
De no mínimo dois sóis
Para entender o significado da luz

brigaria

Dona Telma brigou com Dona Cida
E Seu Araújo se pôs a favor
De nenhuma delas
Porque são duas desalmadas

Cléo também
Andou jogando água fervendo
Nas rosas de Tamira
Porque esta lhe deveu amor
E outras coisas mais

Anda assim por aqui
Ninguém se pega para benquereres
"Isso é coisa de gente cansada"
Disse um outro dia
"Se fosse gente do mato
Mais perto de Deus
Isso não tinha"
Completou

Mas é nada disso não
Primo Quimoste
Lá de Bento Quirino
Mandou carta falando
Que o povo por lá
Anda se mordendo
Por nada também

Que é que há, minha gente?
Que é que falta?
Não tem ar
Para todo mundo engolir e cuspir?
Não tem mais água
Para tirar a poeira da língua?

Fruta tem que eu vejo
E andam todos gordos
Por lá e por cá

Faltou gente para amar?
Acho que não
O tempo
Anda sendo contado mais devagar?

Então chega de ouvidos para essa gente
E letras para suas bobagens
Tem música
Na banda do meu espírito hoje!
Vou me alinhar em perfumes
E esperar que todos venham

Se o povo quiser faremos festa
Se o povo não quiser
Não serei mais povo

servidão enganosa

Às vezes tudo é tão distante
A vida assusta
Com toda sua finitude

Às vezes a chuva
Às vezes a falta dela
Às vezes o ar
Maior que tudo
E tão esquecido
Porque está ali
Ao nosso dispor
Nosso escravo

Às vezes a vida assusta
Por estar aqui
Nossa serva
E de repente
Desaparece de nós

A novela das oito começa sempre atrasada
Mas ninguém bota reparo
Estamos mais é ansiosos para nos vermos
Fantasiados de mais bonitos
Na mentira da verdade de nós

A Etelvina comentou que
De lá pra cá
Tá tudo mais ou menos
E pelo visto
Do jeito que...
Ihhhh!!!!! Vai chover!

O bolo de fubá desandou
Porque como estou com quebranto
Tudo que ponho a mão recua
Menos meu avesso

Sereno no ombro
Mancha o caboclo de água
E água no calcanhar de árvore
Vira orquídea

Ih, Etelvina
Vindo de lá pra cá, minha filha
Eu desabotoo as sandálias do pé esquerdo
Do meu avô
Em homenagem à lembrança
De quando com a mão esquerda
Ele me benzia
Fingindo que catava piolhos na minha cabeça

maria pedra

Maria Pedra tem só sete anos
E já enlouqueceu
Faz a coisa bem feitinha
Puxa cabelos
Lambe a sola das mãos
E encanta pernilongos

Nós amamos de temor Maria Pedra
Mas ninguém sabe evitá-la
Atrás dela
Para acalmar seus latidos
Andam legiões de margaridas
E girassóis que ela
Quando nos quer cativar
Coloca para cantar o hino
Da Nossa Senhora dos Colibris
Que ela mesma criou
E canonizou

A gente então fica zonzo
Redobra-lhe o afeto
E ela brinca conosco
De acordo com os seus quereres
Maria Pedra nos enfeitiça
Pior que aos insetos

É encantadora
Viciosa
E comadre primeira
Dos anjos do céu

o homem morto afogado

O homem andou à beira-mar
Olhou a água e correu para ela
Nunca tinha tido tanta vontade de nado
Nunca tinha visto
O que havia atrás das ondas

E hoje viu
Eram crianças com escudos
Empurrando algas
Fazendo montes líquidos
Criando marés

Então o homem teve susto
E não correu
Não haveriam de machucá-lo
Os meninos cheios de flores na boca

Um deles de olhos fechados
Deu-lhe as costas
E de suas orelhas
O homem ouviu a voz dos golfinhos
E entendeu

O homem percebeu
Que as crianças eram de voo
Não de nadadeiras
A espuma ao redor delas, de nuvens
Não de oceanos

"E quem nos guia à noite
São os peixes"
Disse aquela menina
Negra de olho anil
"E quem colore a água
É o olho dela"
Disse o menino

Com a gaivota debaixo do braço
Que lhe contava na orelha
Como era o céu
"É igual ao mar
Só que nele nadam santos
E não baleias"
Então o mar é mais sagrado

O homem acordou no fundo da água
Ladeado pelos filhos
Que não tivera em vida
Por medo
E foram eles que o acolheram
Na contramão do parto
E agora lhe causavam choro limpo
Ofertando-lhe paraísos
E a educação
Para o vale das almas sem fim

"Mergulha, moço
Os peixes são mais coloridos que os homens
E seu tempo de sangue já se foi"

Os homens sorriem no final da tarde
Parte da compaixão está de volta
Metade do medo perdeu a pontaria
Continua claro
Que as mazelas não secaram

É um começo de noite amplo
Com o suor do sol
Ainda dependurado no ar
O mercado fechando os olhos
Para os que agora começam sua luta

Existem pássaros em outras paisagens
A noite perdoa o dia
Porque sabe que tem muito a esconder
Quando ele voltar pro mundo

não mais

Não se pode mais dormir
Depois da tua entrada
Não se consegue mais voltar
Nem para trás
Nenhuma música
Nenhum bilhete
Nenhuma letra gasta

É como infecção
Mastigando tudo
Rasgando a água no copo
Manchando a luz na lâmpada
Gelando o sangue nos pés

Não se pode mais parar de gritar
Nem de tremer os dedos
Nem de lamber tuas mãos

Não se pode mais estar a sós
Nem no desmaio
Nem na reza
Nem nos sonhos
Muito menos na vida
Seja ela nesse espaço
Seja ela mergulhada no chuveiro

Não se pode mais esquecer
O desenho que colocaram
No teu nariz
No teu sorriso
No lustroso suor das tuas têmporas
Durante o amor
Sendo posto para fora no escuro

Não se pode mais
Distinguir coisa alguma
Graças a Deus

ser óbvia é tarefa profunda

Esta noite quase apodreci de maravilhas

Não quero falar mais nada este ano

Também não hei de ouvir

Agora só a lembrança dos teus olhos
Cheios de mar
E os meus de albugem

Deus
Como ser tua é pleonasmo divino
Como ser óbvia é tarefa profunda

passos assustados

Eu o coloquei para fora de mim
Com cotoveladas bruscas
Depois abri a roupa
E fui andar um pouco
Cega para sempre

Tinha medo desse amor
E da longa tontura
Que ele me incutia

Se eu andar por toda vida
Mesmo assim
Estranharei meu coração

No escuro eu não percebia
A espécie de perigo
Com o qual ele vinha me arrepiando os pelos

É melhor sobreviver
Nem que seja nua
No meio da rua

deixa o vento lavar as coxas

Depois de tanto amor
O que se faz?
Vira pó?
Acende a luz?
Descalça os pés
E vai lembrar as irregularidades da calçada?

Depois de tanto amor
Só resta ficar deitado
Rir
Ficar perdido no acontecer

Olhar a pele arranhada no espelho
Reconhecer o rosto depois do grito

Depois de tanto amor
Você agradece a Deus
Ou pragueja?

Apenas abrem-se as pernas
E deixa-se o vento lavar-nos as coxas
Como se isso fosse nos trazer de volta
Alguma daquelas coisas
De quando se dormia no embornal da paz

para quem treme

Doente pelo contorno
De tudo que há em ti
Algumas vezes desmesuradamente

Sem a menor chance
De conhecer a calma deípara
Quando abres a boca em sorriso pagão

Tenho sim profunda vontade
De conhecer tuas nuances de alma
Mas isso depois de te agarrar com força
Rolar preso em teus braços
E tentar por horas a fio mesclar as fibras
Da minha na tua carne

Depois a gente chora
Limpa tudo com água quente
Lapida silêncios estirados no chão

Depois eu tento parar de tremer

transparência

Acho tudo tão profundo
Que me perco de mim
Que me permito silêncios cruéis
Enquanto estou presente no mundo

Minhas veias me abraçam vermelho
E eu sofro de arrepios e pausas
Minha língua não aprendeu a me dizer
O quanto estou sozinho para a vida

E então eu me escondo com sorrisos
Eu me contenho
Com pequenos bálsamos
Para o meu desespero
Mas por baixo da minha postura serena
Alastram-se gritos ferozes

Eu sou um tipo de bicho
Camuflado em choros e sonhos
Eu padeço de mim
A cada beijo que engulo

Estou inchado de medo
Por tudo aquilo que não sei dar nome
E nem consigo cuspir fora
Eu dissimulo meus nervos em fogo
E enojo meu desapontamento
Com o amor pelos meus iguais

Viver às vezes me fede
Eu me acumulo no escuro
Mas ando tendo uns espasmos
E me atrevendo
A pôr luzes no meu caminho

Amanhã andarei nu pelo planeta
E a natureza há de me acolher
Cheio de feridas como sou

★

Amanhã me darei de presente
Um pouco de delírios
E uma dúzia de flores transparentes
Porque ando pretendendo a transparência

outono

I

Judiação
Em pleno chão
Esvaem-se secas
Pequenas folhas
Despencadas da árvore

E morrem milhares de vezes
Bem à sombra
Dos braços fortes da mãe
Monstruosa e impotente
Velando as filhas esvaídas
Em prol do outono

Decerto não entende tamanho crime
Matriarca sagrada e quieta
Com as mãos imóveis
Longe do alcance
Dos corpos diáfanos das meninas

Violento espetáculo em tons pastéis
E em não podendo roçar
A mortalha de suas crias
Chora, definha grosso e firme

O chão, amante fiel das raízes
Compadecido
Engole lentamente os cadaverezinhos
Quebrando-lhes fibra por fibra
Com paciência
Quase impossível para nós
Depois em benevolente condição
De cúmplice
Avesso às matanças do tempo
Devolve ao corpo da matrona mutilada

Todos os fragmentos
De cada alma sua apartada
Caídas do paraíso

E a mãe
Que cobriu suas feridas
Com cascas nos últimos séculos
Na seiva bruta
Prende o choro absoluto
Recolhe suas crianças
Através das suas veias subterrâneas
E as guarda
No mais fundo âmago das entranhas

Assim aguarda
O retorno da paixão nas obras de Deus
Para voltar a expor aos gigantes do universo
Seus batalhões de verdes folhas filhotes
Para a reposição do sossego
Na vida das horas da primavera

II

Não houve sequer um minuto
Que parássemos em homenagem
Às folhas assassinadas
Pela poética do despencar

Não houve sequer
Um canto de aleluia
Dor ou bênção
Bem pelo contrário

Houve como que por indelicadeza
Sapatos triturando a secura
Das jazentes pérolas adormecidas
Mas não se pode negar a graça da queda

As acrobacias espirais das meninotas
Girando melindrosas
Rumo ao tapete laranja
Enfim livres do sol
Entregues ao esvair merecido
De todas as criaturas

III

Em verdade me agride o outono
E sinto que preciso acolher
Cada pequeno ser cadavérico
Escrever poemas e anexá-los a cada verso
Adorá-los

Preciso cobrir-me de folhas mortas
Preciso enterrá-las em água limpa, no céu
É uma dor de não poder me aturar
Perante a dança que o vento faz
Sobre a face terminada dessas cascas de feridas
Retiradas das penas das asas dos anjos

Sei que reaparecerão
Todas em seus leques não verbais
Mas mesmo assim
Sinto que deveria engolir pétala por pétala
Sim, porque são pétalas todas as folhas
Com o acréscimo de um anonimato esmeralda
Que simplifica a glória das cópulas
Mas não as reduz

E, comunhão feita
Lamber cada estrutura
Transparentemente ressecada
Para aproximá-las da minha alma
Que também despencará
Com a angústia de ir solitária
Não aos centos, não aos pares

Em verdade amo a calma e a beleza
Com que nunca deixam de existir
As meninas dormentes
Que são as folhas de outono

a testa da primavera

É cedo
É depois das nuvens
Somos só nós todos
No mesmo moinho de sonhos

É cheia de nunca mais
A escultura silenciosa da morte
Transformando os traços
Dos nossos rostos

Eu andaria descalço
Até os canários que nadam no riacho
Das suas seivas
Só para poder ser
Devagar em você

Bata comigo a testa na primavera
Morra mordendo-me
Mais três mil vezes
No centro desse espetáculo insalubre
Porque o chão dá choque
E voar talvez carregue
Alguma raiz de lógica

quintal

Saía para o quintal da casa de minha avó
Porque toda avó tem um quintal enorme
Quando a gente é minúscula

Saía para ele vestida de noivinha
De anjo
De mulher crescida
Com brincos de argola vermelho-vulgar
Ou puramente fantasiada
De mim mesma
Para me apresentar toda paramentada
De delicadezas infantis
Ao mar robusto e antigo
Que lá nos fundos da casa
Arranhava os grãos perfumados
Do areal da minha memória

Comigo saíam todas as crianças do bairro
Todos os cães
Que só sabiam o caminho das rebentações
Através das pegadas miúdas que deixávamos
E em círculo brincávamos
De imitar a vida adulta

Quantas vezes não nos casamos
Amamentamos pedaços de pano
Beijamos as bocas cruas dos meninos?
Quantas vezes, distraídas, não previmos
Nossas maneiras de manusear o amor?

Hoje, sentada aqui
Com os pés no chão frio
Os olhos no cinza da parede
Crescida nas agulhadas das lágrimas
Honesta para comigo mesma
De uma maneira quase cortante

Não posso afirmar ao certo
Se houve ou não
Um oceano
Emoldurando a minha inocência

Não consigo me lembrar ao certo
Como terminavam
As sagas do meu coração

Nenhum animal me lambe mais os pés
De repente criei o vício de me lamber as mãos
Com os olhos fechados
E as portas abertas ao vento
Assim leio nas linhas dos dedos
A morfologia das marés e então
Volto a me deitar nas paisagens daqueles dias

As duas únicas certezas dessa tarde são:
Minha casa não tem quintal
E o nome da minha avó era Iemanjá

Vá pra casa e durma
Meu amor
No meio da guerra dos seus nervos
E se por acaso sonhar
Agarre aos dentes esse unguento
Porque acordar
Tem sido uma nuvem de gafanhotos
Nas flores
Que ninguém deu a ninguém

a visão mansa do simples

O homem quando consegue
Quando se permite
Realmente pontua de luz
O cerne da criação divina

Na passividade
De caber exatamente
Sem sobrar
No comprimento de um dia
Enlaçado ao outro
Sem furtos de minutos
Sem esmagar
O minúsculo de todas as coisas

Apenas estar presente
Porque nos foi doada
A entrada nesse paraíso
E nos será recolhida
Com o mesmo quilate
De penumbra misteriosa

Ficar, então, sendo um
Entre milhares
E disso fazer conforto
E não retratos de solidão

Receber tão somente
O ar, a vida, os outros
E com nenhum desses tesouros
Causar o desperdício

serafim, acabou

Acabou, Serafim
Porque a noite de leve
Perene
Arruinou conosco

Mesmo estando aqui
O amor veio fraco
Tudo que pedimos
Veio errado

Amei-te
No mais puro desejo
Pelo encanto
Até sonhei
Que tinhas entregado flores

Mas não, Serafim
Teu mundo não me cabe
Nele estou estrangeiro
Sem medos
Sem desvios

Tua pele abusa da minha
Mas acabou
Amanhã cedo
Os costumes serão jogados fora

Andarei de volta para casa
Sem rancor
E nos punhos
Um leve desespero doce
De quem acordou antes do estrago
E escapou para sempre

penduricalhos

Penduricalhos
Meus sentimentos
São penduricalhos
No tornozelo da neblina
Na orelha da água

Penduricalhos
Somos todos
Penduricalhos
Transitórios
De um
Dos milhares de mundos

melodrama

I

Quando Antônio teve sua festa
De aniversário de dez anos
Rita, sua irmã mais velha
Deu-lhe uma caixa
Para guardar tranqueiras
Que deixou Petrônio
Seu irmão mais novo
Muito enciumado

Quando Antônio
Teve sua cara pontuada
Por pelos de barba
E seu pai comentou a semana inteira
Na frente de todos que ele já era homem
Petrônio ficou muito invejoso
Porque era liso o seu rosto
Feito o de Rita
E Rita sempre amou mais a Antônio

Quando Petrônio
Recebeu seu diploma da escola
E achou que seria avassalador
Sua mãe disse que demoraria ainda
Para chegar ao irmão
Que já era professor em tudo na vida
Do coração dela

Quando Antônio foi padrinho na igreja
Do casamento de Rita
Petrônio preferiu sentar na última bancada
Achou tão bonita a irmã
E sorriu e doeu e chorou
Só que ninguém soube

Eis que Antônio surge
Com Isabel nos braços
E diz que vai com ela ser feliz

Quando Petrônio viu
Pela primeira vez a moça
Soube o que era o tormento
E enfiou-se dentro fundo nele
Não seria doravante outro pensamento
Senão Isabel
Que dele nem um vulto
Havia se dado ao capricho de perceber

Quando Petrônio se matou na sexta à noite
Pensou que Antônio agora o notaria
Rita choraria até o desvario
Pai e Mãe estariam incuráveis
E Isabel perceberia tê-lo sempre amado

No domingo todos estavam negros no jardim
Quando mais uma vez transparente
Voltou Petrônio do abismo para o seu quarto

Veio entender
Que não deveria
Ter esperado tanto assim
De Antônio
José
Rita
E Isabel

E foi embora
Com seus retratos de moleque no bolso
Rasgado em seu modo de amar
Sem esperar soluções
Sem fazer barulhos

II

Isabel deu a Antônio Maria de Lurdes
Arrancou-a do mais fundo ventre
Coisa dolorida e inexplicável fora parir

*

Enfeitou-a com olhos claros
Fitas nos escorregadios cabelos negros
E cheiro do branco-doce das novidades
Antônio a recebeu aos soluços
Com seus braços aptos à felicidade

Maria de Lurdes era feiticeira por natureza
E por isso os pássaros
Deitavam em seus calcanhares
E dormiam sonos terrenos

Era quieta
Mas não mansa
Vivia no passado
Nunca disse ter amado o pai ou a mãe

Só deixou um bilhete
Quando fugiu de casa
Aos cinquenta anos
Vestida com as borboletas que alucinou
"Fui ver Petrônio
Volto depois do amor"

III

Rita não sabia pôr crianças no mundo
E definhava de amargura
No domingo retrasado
De há vinte anos idos
Bateu em sua porta
Um menininho ruivo
Que pegou em sua mão
Chamou-a de mãe
Entrou
E catou para ele os vazios de seu peito
Chamava-se Redentor
Até que sumiu na chuva
Que acontece desde ontem

*

Quando passar a água hoje à tarde
Rita olhará para o céu e entenderá
Ter estado sonhando com anjos
Para sentir um pouco
Do que é a maravilha
De construir uma alma

IV

José e Sandra
Já não tinham mais
As sobremesas do amor
Só aquele costume maior que a vida
De sentir o calor alheio
Na cama noturna
E colecionar detalhes
Como o copo no terreno
Marcado pelo café da tarde
O sono que desce
Sempre às dezenove horas

Estão sentados no alpendre
Trilhando o latente caminho
De estar exposto
Para quando a morte vier

Pararam de se tocar na alma
Quando Petrônio se foi
As unhas do remorso não os deixaram mais

devoção

Eu me curvo para tudo que quiseres
É meu dever
É minha única maneira de expressão
Não me importo com teus desaperceberes
Tuas desdelicadezas

O que pode fazer
Uma criatura que como eu
Tem o coração bichado de ti?

Se quiseres pão, pão te farei
Se quiseres flores, vermelhas
Serão minhas mãos dentro e fora da primavera

Se quiseres peixe
Como um moleque
Mergulharei à cata dos melhores
Sem ar nos pulmões
Só desespero e paixão

Que não queiras vasculhar
Os beijos em minha boca
Que busques longe
Em outras peles
O que de melhor sei fazer
Já não me angustia nem destrói

Eu me encolho
Perante todo e qualquer olhar teu
É minha condição
É meu dia a dia

Meu labirinto
É a enorme trança
A que dou forma infinitamente
Com os dedos sensíveis e carcomidos
Pela largura das noites

★

Eu me esfarelo
Para salvar cada letra do teu nome
Cada segundo da tua vida

E se não me quiseres
E nem nunca precisares do que sou
Mesmo assim
É para ti cada folha
Das avencas lacrimosas
Do meu espírito amante
Do peso e do ângulo agudo
Que existe entre teus cílios

ouço tudo outra vez

Você se foi enfim
Hoje quando acordei
Procurei rastros seus
Que tanto se alastraram em mim
E não achei

Passei a mão em meu peito
E, Deus!
Ele estava magro, seco
Mas vivo

Na água que escorreu do meu corpo
Nada seu
Como talvez nunca houvera em verdade
E feito insano
Inventei pequenas maravilhas
Para sobreviver

Já não tenho a beleza que lhe entreguei
Tudo bem
Não preciso mais dela

Se sou triste
Se sou o desvalido
Isso não tem peso
Ou significado algum
Foram batalhas campais de grito
Alarde
Danos
Fissuras

Foram mergulhos de extrema dor
Que hoje por glória
Por piedade
Por ira
Por grandiosidade
Acabaram

★

Devo lhe escrever um bilhete?
Não
A falta de poeira em meus olhos
Se um dia tornar a vê-los
Dirá do meu coração a salvo

o perdão da poeira

Trago em cima dos dedos
A poeira
Que as duras palavras tuas ventaram ontem
Em meu rosto
Enquanto maldizias
Os meus sentimentos

Minhas unhas
Recolheram o fel
No canto das tuas letras
E agora veja
Amor
O teu amargor é pó
Secou depois de tanto fogo

Eu perdoo a poeira
Eu perdoo tudo

Quem sou eu
Para colocar regras
No que precisa e sente a tua alma?

Hoje meu coração
Está melhor dos nervos
E percebe que a tua felicidade
É diferente da minha

Trago na ponta dos dedos
Um pouco do teu despreparo
Em forma de ciscos
Para que o sopremos juntos
Para que deles façamos lascas de sóis azuis
A voar ao nosso redor
Porque, sim, o sol é azul
Quando abaixo dele
Deixamos de ser pouco

★

Hoje descobri
Que tuas borboletas
Necessitam de outros néctares
Além desse
Que minhas flores sangram

Perdoo tudo que a natureza te deu
Tua ira
Teu egoísmo sacrificando maravilhas
Em meu peito entregue

Trago farelos nos dedos
Para lambermos às gargalhadas
Depois disso
Talvez eu descubra onde guardar
O som dos meus suspiros
Talvez eu regue o chão
No dia da procissão
Do perdão da poeira
Pois perdoar não é seco

Traria de volta...
Não existe fracasso maior
Do que buscar para trás
E mesmo assim
O que foi
Pode ter me levado junto

delena de deus

Aquela sentada na varanda é Delena
Esposa de Custódio
Desde muito moça gostou dele
E depois foi piorando
Amoreceu dele

Delena sempre foi de alma robusta
Ouvia
Falava
E sangrava só com os olhos

Custódio nunca soube
O que é amar essa mulher
Mas casou-se com ela
Por todos os outros motivos do mundo
Exceto o mais feroz

Vivem calmos
Há não sei quantos anos

Se perguntarem:
"Sabe Delena
Do desamor de Custódio?"
O outro diz:
"Sabe e não deixa a gente entender nada
Do que sente por isso"

Ah! Delena
Que tipo de santa venenosa é você
Que aguenta olhar
Toda hora para esse homem
Querendo dele
Um golpe mais perturbador
E recebendo apenas afagos ocos
Na mão direita
Pousada no braço da cadeira?

★

Delena espia
Abaixa os cílios
Humilde
Meio infeliz da vida

Segreda às aranhas
Que estão no teto
Vigiando sua cabeça
E sabendo dela
Mais do que ninguém:
"Pouco me importa
O tipo de motivo
Mais vale o cheiro de Custódio
Rondando de perto
Feito gavião sem fome
O dorso da minha mão
Do que querer dele o amor
E colocá-lo para fora
Das vizinhanças das formigas
Que me perfuram o coração"

As aranhas bordam sossegadas
As formigas transitam mudas
Delena dorme de leve
Em plena tarde de outono

o animal acuado

Apegou-se a cada miséria e armadilha
Às quais estão expostas
As almas trêmulas dos homens

Expulsou aqueles que trouxeram verdades
Ao invés de conforto
Virou as costas aos seres
Que lhe estenderam as mãos
Encharcadas de amor

Apegou-se a pequenos detalhes
De coisas inúteis
Só para sentir-se seguro
No meio da tormenta

Mas se esqueceu de que estar vivo
É estar inquieto
É estar exposto
A cada dia mais incerto

Maltratou aqueles que lhe preparavam
Durante meses
Trilhas e unguentos

Preferiu o orgulho das bestas
À dor dos entregues à luz
Fez de tudo que era sagrado
Pura ruína
E fez tudo sabendo estar magoando
No reflexo do seu rosto
No resto da chuva
A si próprio

Mas o animal acuado
É assim mesmo
Capaz de atirar pedras

E arrancar lágrimas
E tombar ao chão
Aquele que veio à sua presença
Para causar ira
Depois desassossego
Depois silêncio
Depois ânsias
Depois sonhos
E por fim
Como cura de tudo
Causar o amor

E o animal desesperado
Só vai ver o amor mais tarde
Depois de tê-lo coberto de feridas
E dores
O animal só consegue olhar de frente
O que é seu
Depois de tê-lo posto para fora
Das cercanias de seus braços

panos

As coisas não são tristes
Nós é que somos

As coisas são pano de fundo
Nós, pano de chão

Lembras do chão
Em que te deitei
Pra poder me emaranhar
No paraíso da tua carne?
Lembras...

Desde que levaste esse chão embora
Minha pele se perdeu na teimosia
De continuar sendo
O pano dele

As coisas não são tristes
O tempo em que elas se apresentam
E se retiram de nós
É

parar de acabar

Recoloca-me
No quintal
Das ilusões humanas

É sabido que
Somos restos
Na frente
Da felicidade

Mesmo
Rastejantes
Somos capazes de
Vez ou outra
Amarmos

Volta
Vem sobreviver mais um pouco
Da beleza de nós dois

Quando pararemos
De perder esse tempo
Que nunca para de acabar?

Vai acabar
Meu sangue vai secar
Meus ossos serão entulho
Meus amores não farão diferença

A coisa é tão longa
Existir é
Tão intervalo
É tão machucado

Vai sair de perto
Vai destruir minha casa
Vai alterar os mapas
Vão rir de mim, se rirem

Vai deixar de ser
E isso nos faz buscar poesias
Essa garantia do nada
São empréstimos de luzes e proteínas

É o passatempo da carne
Que fica eterno
Quando os olhos se vasculham

Vai deitar na terra
Vai ser maior que o medo
Vai deixar de infeccionar
Vai entender o ponto final

Mas antes disso
Com tudo isso
Por tudo nisso
Faremos vida

Mesmo que finita
Completamente amorosa

Mesmo que judiada
Eterna na cama dos amantes

Se não tiver explicação
Que pelo menos os corpos se encaixem
Se não for mais
Que por enquanto seja tudo

Vai decompor
É físico
É material
Sejamos então brisas

Das nossas mãos escorrem carinhos
Nós, para nos multiplicarmos
Passamos pelo prazer
O que mais pretendemos?

A existência nos ensinou
Que nosso caminho termina
Em dormirmos juntos
Desde quando um pedaço de papel
Pode valer mais
Do que esse requinte da Natureza?

Vai deitar e morrer
Vai apagar
Vai dar espaço para o futuro
Só resta saber como ocupar esse espaço

Vai cair no sono
Todo mundo sabe
Todo mundo erra
Todo mundo não aceita

Eras e eras acontecerão
Nem poeira seremos
Então por que por enquanto
Não nos respeitamos?

Com certeza vai acabar
Vamos desentender de mãos dadas?
Vamos sair daqui
Mais dignos do que entramos?

Porque toda essa maquinaria da morte
Pode ser enferrujada
Com a saliva do nosso melhor
Sejamos, desde então, melhores

cem invernos depois

Primeiro ele esteve nervoso
E não disse nada
Eu era tão quieta naqueles tempos
Ele pegou o casaco
Porque simplesmente era inverno
E bateu no meu rosto
Eu era tão dele naquele mundo

Depois, muito depois
De o sangue parar de doer
Vi que ele não voltaria mais
Quis estraçalhar a saudade
Mas ela dava cria

Dia após dia
Eu fechava os olhos
E fazia força
Para sentir de novo
Seus dedos na minha cara
E até essa brutalidade
Foi se esvaindo
Eu era tão miúda naqueles ventos

Até que centenas de invernos
Abriram os braços ao sol
E ele passou pelo portão de casa
Esquecido de tudo
Com as mesmas mãos
Era um homem velho
Cheio de coisas por dentro
E dentre elas o amor
Que eu tanto quis

E nem raspas de esperanças me restaram
Porque eu já não era mais nada
Depois de ter esperado

Muda
No mesmo lugar
Que ele ressurgisse
E beijasse a ferida que fez

vilarejo íntimo

A luz elétrica vai embora
Às dez horas da noite na minha aldeia
Vai também o desejo dos meus olhos
Em persistirem abertos

Entro então na fabricação
De frágeis pecados
Em tua honra

Sobe feito planta parasita
Pelo meu cérebro
O contorno dos teus lábios

Em meus imaginares
Meus ouvidos podem jurar
Que tocam em matéria
Frases tuas
De insuportável beleza

Nesse escuro que vem sempre
E eu aguardo confessadamente
Em temperaturas descontroladas
Nesse breu
Eu viro a inexata aldeã

A perfeita princesa com oitenta anos
De amores coroados no cetro do teu coração
Que é mais amado por mim
Do que os santos pelos seus devotos

Sim
Com requintes
E mentiras absolutas
Guardo-te como fêmea prenha
No trêmulo fosso
Do meu umbigo rosado

★

Quando, graças a Deus
Levam embora
A claridade do mundo lá fora
Nasce o nosso universo
Nasce a mulher que preparei
Com favos de mel de baleias no cio
E as chicotadas do cheiro quente
Que dá lume aos copos-de-leite

Busca-me às pressas
Morde-me com urgência mais que loba
É posse tua
Essa criatura de sangue marinho
E poros escancarados
Com ela faz o que mandar o macho
Que é o comandante
Da ponta da tua língua

Comigo podes fazer igual
Ou pior até
Apenas promete amor discreto e agudo
Quando novamente
Soltarem as luzes

lindoso

Rodolfo era o rapaz galante da vizinhança
Só porque usava topete brilhantinado
E tinha corpo de homem já pronto
Para as tarefas masculinas

Ranulfa nunca tinha se atrevido a gostar dele
Porque não era a moça princesa do bairro
Pelo contrário
Era quase um girinozinho
Com as disformias
Esparramadas pelo corpo

Rodolfo afogou em suspiros
Em ordem crescente
Todas as moças
Do número onze ao cento e quinze
Da rua Rendeiras do Divino Verbo
Exceto Ranulfa
Que escrevia poemas o dia todo
E engordava

Estava protegida
Desses ridículos preciosos
Que liquidaram o mulherio ao seu redor
Estranha essa Ranulfa
Pois morreu mais tarde num só susto
Com o nome de Rodolfo
Espumando em sua boca

Vim buscar coisas simples
Na gaveta dos seus olhos
Mas antes
Tenho que abrir o baú
Das linhas que desamarram das minhas mãos
A humildade

E se você permitir
De joelhos
Acariciar não o rosto
Mas o mundo
Que circunda sua capacidade
De gerar amor em mim

Entende agora o seu efeito
Na lapidação da minha alma?

Já sofremos tanto
Querendo arrastar o engano
Que macula nossos sentimentos
Para o estágio que é depois da dor

Já paramos tanto
Na metade de todos
Os mesmos meios do caminho
Que não vai começar
Enquanto não deixarmos

Por que continuamos nos conformando
Mesmo debaixo de pontapés emocionais
Que é mais fácil lutar
Para cravar certezas em farelos?

Sim, é fato que os esforços ficam aqui
Depois de nós
Mas desistir de domá-los
Vale a angústia
Que isso esparrama
Quebrando nossos ombros?

Um homem sem ombros
Não pode abraçar o outro

estilhaçamento

Depois ele quebrou tudo que era meu
Meus ouros
Tudo

Foi atirando cadeiras
Arranhando paredes
E o barulho das coisas
O estampido das mãos...
Tudo

Menos o meu grito
Isso ele não atirou
Contra as pedras

Depois do silêncio dos suores
Chorando nos cacos
Dos ciscos do chão
Veio a ausência
Veio o corpo vazio
Como se humano fosse
Tamanho breu

Depois
O tremor que antecede a lágrima
Virou rotina
Na minha garganta seca

ele

Ele mordia meu estômago
Como unhava minha cabeça
Ele rolava na minha testa
E eu nunca pude sentir raiva
Como se esperava de mim

E esperavam também
Que eu afiasse as vértebras
Criasse presas
Mas é inerte o meu ódio
Minha defesa

Meu ataque morreu de anemia

Ele se agrupava aos meus contornos
Desnorteava minhas mãos
Estirava-me aos seus pés
E eu conhecia Deus nesses momentos

serafim

De repente Serafim
Na minha frente
Alvo como ser alvo mesmo
Planície de a gente andar descalço

Sorriu
Pegou-me as mãos
Porque era escuro o mundo
E claro os dentes em seu sorriso

Foi entrando
Incisivo
Lavou o rosto esfregando o seu no meu
Quando já não era mais de repente
Serafim estava quase nu

A gente sempre treme
Quando a coisa acontece inteira
Levou-me toda
Desamarrou-me as canelas

Saiu correndo
E eu ao lado
Cheia de água na bolsa dos olhos
Feito uma lebre
No dia de seu aniversário
Rápida e tonta

Não sei quando ele vai parar
Para perguntar meu nome
Beber leite
Roubar minha roupa
E alçar voo para não sei onde

Cuida de mim, Serafim
Grudando teu sono no meu umbigo

Beijando subitamente
A ponta do meu coração
Como tão bem fazes

Depois me deixa fechar os olhos
E existir de novo
Só quando for preciso

durvalina neide

Durvalina Neide
Era só sábado
Trabalhava a semana
De fio a pavio

Guardava cada centavo
Ouvia radionovela
Via telenovela
Lia fotonovela
Falava muito bem sobre novela

Colecionava perfumes
Canecas de louça
Batons
Revistas de beleza
Mágoas
Letras de músicas
Copiadas em letras redondíssimas
E guardadas numa pasta cor-de-rosa
E bichinhos de pelúcia
De quase todas as quermesses de Santo Antônio
Realizadas na paróquia

Morava em uma pensão
Mais pra menos
Fora expulsa de sua cidadela
Pela mãe
Por causa da mania
De engolir meninos pelos cantos

Subia as saias e reinava
Inocente
Desonrada
Orgulhosa

Pouco escrevia pra família
Nunca nem sombra de envelope deles também

Por baixo do tapetinho de palha
Chiquérrimo
Lembrança da excursão pra Santos

Saudades do cheiro
Do seu chão rondando
Relia sempre
O folhetim de maior apreço:
Dolorida sim senhor
Se nem assim a garganta afrouxasse
Organizava as coleções
Para sentir-se dona de posses

Eis que vinha o sábado
Nas luzes giratórias
Da gafieira Mulatas Amorosas
E ela dançava mais que o Capeta
Quando a gente joga sêmen de Deus
No rabo dele

Era esforçadamente feliz
Graças a Nossa Senhora
Das Causas Perdidas
Era também bonita demais
A homarada atentava
Ela se danava
Entre um requebro e outro

Bebia só o tantinho
Pra se sentir em paz
Antes de descambar para o escuro
Com os senhores da vida

Beijava a ponta dos dedos
Fazia o sinal da cruz
Puxava o pai pelo cotovelo da memória
Pedia perdão

E depois
Depois era
Durvalina Neide

Passadeira e lavadeira das boas
Manicure barateira
Bondosa de dar nojo
E o sábado em forma de fêmea

para você, rei

Deita ao meu lado
Todas as noites
Um anjo
Talhado a fé e ilusões

É melhor que uma criança
Solta na chuva
Na minha vida botou tudo
Dos meus pés tirou o pisar nesse chão de injustiças

Ele grita comigo
Quando sou pequeno
Quando estrago a festa
Em meu coração perdido

Mas grita para mim também
Grita em mim
E então
Somos feitos de música
Eu e ele
Dia após dia

Quando sorri
Meu espírito é pura glória
E há milhares de meses
Parei de tentar imaginar
Meu coração sem o dele

Vai comigo pelo mundo
Um pedaço sagrado do amor de Deus
Brotou no meu corpo
Assim
Como o milagre desce sem recado

E trouxe paz na saliva
Trouxe o sentido do homem

Em suas pequenas obras
Trouxe o que havia de melhor em mim
De volta ao meu colo

E ali se deitou, manso
Cabelos de rei
Boca de divindade
Cheia de bons poderes
E dorme e acorda
E empresta calores

Seria tão simples
Dizer que o amo
E é

E depois
Soltá-lo em nosso jardim
Em nossa cama
Em nossa vida
E ir observando
Apaixonadamente sem remédio
A beleza da existência
E do sono
Desses meninos
Que trazem na boca
A luz
Para criar o nosso próprio sol

do grito ao amor

Estou perdendo peso sim
Porque não quero pães
Não quero carnes

É melodramática a minha situação
Nunca mais vou melhorar
Quero padecer

Façam de tudo
Não me toquem
Só quero chorar
Com intervalos de gritaria

Ai!
Como dói a tua falta
Como é repetido esse poema

Que deixem o bairro todo saber
Da minha infecciosa doença cardíaca
Da minha insuportável dor de cotovelos
Do meu desvario
Da minha fraqueza

Esta é a minha tragédia
Meu exagero
Que façam novenas
Rezem muito
Pois não vou parar
De arranhar a cabeça
À cata de lembranças tuas

Sim, o Capeta entrou aqui
E fez arruaça
Se assim desejam explicar
Minha falta de ar
Que eu vire, então
Atração!

*

Que cause pena
Ódio
Repetição
Que cause nada
Que me deixem todos

Ninguém sabe o que sei
Ninguém faria
Tudo tão explícito

Que os outros cavalheiros
Que me querem
Fiquem desesperados
Do lado de fora

Meu coração
Sofre de mau agouro
Minha pressão bamboleia
E me entorpece
Não há quem me explique
A convulsão amorosa
Que me engasga

Sim, a folhinha na parede delata
Há meses estou doida
Doída
Que me importa?

Só o que penso
É no teu corpo
Só o que faço
É pornografia com o teu nome
E os pigmentos cheirosos
Que tenho enterrados em mim
Preciosidades

E que a vida siga lá fora
Que entendam
Uns escolheram a marcenaria

Outros a fé
Outros o roçado
Outros a glória
E eu
Fui escolhida para o excesso
O choro impertinente
O egoísmo infinito
A pele arrepiada
A respiração suspensa

Fui escolhida para uivar
E sentir meu amor
E tua ausência

Então deixem o susto cair
E a normalidade
Ir embalsamando a todos

Só quero ir ficando roxa
Roxíssima de dar asco

o movimento das matérias

É que o descontentamento
De tudo
De toda essa matéria
Que emerge em nós
Conosco
Contra nós
Por nós
Colocou-me quieto de assombro
E de tristeza também

Tudo que anda
E acena mãos
E senta em bancos
Encosta ombros em paredes
Perde-se entre paredes
Mata
Ama
Ou fica imóvel entre paredes
Entre peles
Dentro da água
Na copa das árvores
Com pés no chão
Ou no cimento
Ou nos lençóis
Ou no verde
Ou no preto dos carvões
Ou no colo de outros

É que todas as coisas
Um dia nasceram
E outros bilhões delas
Caíram
Ou morreram
Algumas voam
Outras se afogam
Muitas se encontram

E tramam sonhos
Muitas circundam braços
Em outros braços
Línguas em outras línguas

O certo
É que com ou sem
A permissão do sol
Movem-se frenética
Ou amarguradamente
Por debaixo de seus tecidos
Com os olhos soltos
Ou presos em lentes
Com a pele nua
Ou camuflada de nudez

Certas criaturas criam suas unhas
E depois as cortam
Criam seus cabelos
E jogam fora
Criam seus filhos
E os desconhecem
Criam complexos fios de amores
E soluços
E lágrimas nos universos de seus corações
E neles se sufocam

A matéria luta
Mesmo que acuada em desilusão
Pelo movimento
Pela troca de carinhos
Pela infecção das ferroadas
Pelo sustento do sorriso
Nos lábios tão confusos
Perante tanta falta do outro

E desencontram-se
Em memória
Em intenção
Às escâncaras

Em atitudes não tomadas
Em atitudes mal tomadas
Em nada

Mesmo atadas as mãos
Os dedos
As pernas
As criaturas se perdem

E tudo dói
Como se fosse o certo a ser feito
Tudo chora
Como se nisso não residisse
A maior de todas as clarividências

E mesmo minha tristeza
Coisa reta e imóvel
Mesmo ela
Quando me ponho aos seus cuidados
Move-se de mim
Para quem me ama
E transtorna-lhe a fome
Formiga-lhe a suavidade dos pensamentos

E quem não me ama
Continua passando
Com a missão intrínseca
De deslocar sapatos
Amassar gramas
Farfalhar ares
Tamborilar cílios
Solavancar o músculo dentro do peito

Hoje parei de súbito
Em um ponto remoto qualquer desse planeta
Tão nulo
Tão nada visto pelos olhos dos pássaros
E percebi que passaremos o tempo todo
Arrastando nossas vidas para as nossas vidas

É que tudo só fica manso
Quando o chão chama de volta

É que ao contrário do que suspeitamos
O que queremos
Não é a ação de coisa alguma
Mas sim todas as coisas imobilizando-se
Em plenitude

É que temos o dever
E às vezes não sabemos como
De dar sentido
A esses punhados de carne
E poesia que nos fazem carregar
Durante o ínfimo suspiro
Que é uma vida

o arrependimento do cisne com formiga

A mensagem do teu arrependimento
Chegou seca
E atrasada em meu gramado
Pena

Teu coração
Não deveria ter fermentado tanto
Entre pavores rasteiros
E orgulhos e quimeras

Tu deverias ter ignorado
As pernas bambas
A falta de apetite
Triste!

Foste aguardado por longos anos
Aqui em minhas terras
Como um príncipe-negro-luz
Que retornaria
Às aldeias enfeitadas do meu corpo
Para te receber
Forte
Retomado com ventos no ventre

Mas tua demora
A tudo pôs secura
Aos enfeites
Aos vinhos
Aos versos
E por fim
Ao meu instinto de esperança
E então eu te desesperei
Recoloquei as plantas no mato
A fita chumbo fechado no braço direito
Caso calado

Então teus nervos retomaram rumo
Tua sede venceu tua cisma
Um elfo de luz pousou no teu dedo indicador
E cuspiu meu nome ali
Nas costas daquela unha tua

Bom dia para ti
Boa noite para mim

Agora outros nobres
Criam cisnes cá em meus riachos
Hoje é outra a cor do céu

Os arbustos construíram uma muralha
Em minha defesa
E é bom não tocares nas folhas
Pois os cães do portão
Sabem decorado teu cheiro
E teu roçar
De tanto ouvi-los da minha boca
Estão contra ti
E rasgar-te-ão ao sinal mudo das clorofilas

Para que o ar continue sereno em mim
Não entres
O tempo teu tive que jorrá-lo às pressas
Para não perder o senso do meu
O sacrilégio:
Ainda te amo!
Mas os cisnes
Arbustos
Nobres e cães me dão a mão
Seguram firme
Lá no fundo hospício teu murmúrio
E é só para eles que coloquei a mesa
Aqui no quintal esta tarde
Sinto muito
Mas tua cadeira
As formigas roeram no ano passado

o verde escondido no sangue

Na anatomia do capim
Erguendo-se do chão
Pende a síntese da arquitetura dos ares
Que nos invadem sem alardes
Que nos fabricam sem permissão
Que nos perpassam sem matéria

Na beleza dos verdes
Rasgando a terra
Na estrondosa vida
Que pisamos desapercebidos

No odor desses planetas rasteiros
Escondem-se sem camuflagem
A essência das nossas existências
A beleza dos nossos sonhos
Pois para sonhar
É necessário vida e sono

E para a vida é imprescindível
O suor das clorofilas
E para o sonho é essencial a brisa
Repleta das nossas fantasias impalpáveis
Que sobre nossas cascas
Pairam desprezíveis
Dos olhos ordinários que usamos
Para aplacar os desejos
De massa e erro
Que compete às nossas carnes anciãs
Do apodrecimento
E nada

No não sei o que confunde nossas letras
Que por sua vez
Não traduzem ao certo nossos quereres
Deita a mão pesada pelo desespero
Do fim tatuado em nós

*

No escuro da pele desconhecida
Da cortina das pálpebras
Íntima nossa a cada segundo
Fermenta a resposta
Do desmaio picado de nossas vidas

Colhemos flores
Tocamos liquens
Cerramos troncos

O verde
Não é nossa cor de sangue
Mas nele
De forma oculta
Estão os microcosmos
Que nos permitem
Tanta confusão
Tanta ignorância
Tanta vaidade
Tanto amor
E tanto nada

Até que sobre nossos corpos
Brotem os arbustos
Que da morte se alimentam

É de espalhafato
Em espalhafato
Que ele vai se escondendo

É falando pelos cotovelos
Que fica quieto

É de perigo em perigo
Que espera todo mundo
Sair de perto
E chega perto do mundo

ar fervido

Ferve meio litro de alma
E lava meu rosto com isso
Porque estar debaixo do sol
Tem sido um prejuízo atroz
Para a razão

Aceitar quimeras
Atrofia os ossos da alma

A cama
As paredes
São prévias do túmulo

Cozinha flores
E as enfia na minha orelha
Quem sabe
Talvez
Eu me arrependa a tempo
De nunca ter escutado
A poesia dos pássaros
Cortando o ar que eu respiro

lucidez temporã

A tormenta da lucidez
Vem cuspindo
Na cara de todos os
Falsos sossegos

Sim, meu amor
Eu pisei em você
Eu bambeei
Eu o deixei sozinho
Quando tudo
Que eu deveria ter feito
Era segurar o tremor
Que costurei na sola dos pés
Da sua segurança

E as palavras vão escorregando
Numa falta insana de fundamento

As bordas dos seus lábios
Traduzem os gritos
Que racharam no canto da boca
Que eu deixei
Estupidamente
De chamar de minha

Santa Mãe
Que a todos repartistes o cabelo
No meio da cabeça
Lavai com vosso louvor de parideira
Os trincados olhos nossos
E devolvei ao ventre seco da morte
Aqueles que dentre nós
Não puder
Nem por inspiração divina
Amar

Só vim aqui pra dizer
Que não dá pra guardar
A chuva na geladeira
Nem pra esperar o vento
Dentro do ciúme

Só estou aqui
Pra ficar exposto
Enquanto escândalos me calam
Só estou nu
Porque não há tecido
Que entenda o arrepio da minha pele

Só estou aqui dessa vez
E infelizmente
Estragos me proíbem
E eu choro
Quando não caem ondas
Da água do meu chuveiro

Só vim aqui
Pra te encontrar
E fiz isso
E com isso
Conheci o desencontro

o recolhimento das crias

A aceitação crua do fato simples
Acabou, meu amor

Nem os ossos mais podem conosco
Nem todo mecanismo
Perfeitamente degenerado
Das nossas tramas
De sangue e carne
Nem mesmo a lucidez
Dos nossos silêncios
Perfurando nossas mentes

Acabou, meu amor
Assim
Avisado
Como muito bem sabíamos que aconteceria
Mas na selvageria das nossas agonias
Tentávamos ignorar

Essa é aquela hora
Em que não se ousa mais
Buscar centelha alguma de luta

Essa é aquela hora
Em que o peso ameaçador da morte
Desce sua mão brusca
À cata de todas as suas crias

Essa é aquela hora
Que põe a humanidade frágil
Como ela teima
Em não se enxergar

o cego aquilino

Na porta da casa de Deus
Seu Aquilino
De joelhos
Sem pestes
Sem urros
Olha pelo furo da maçaneta
Com olhos de cores enrugadas

Se seu Aquilino
Tivesse uma dúzia a menos de idade
Nas covas do coração
Talvez estivesse jogando pedras
Nos vidros Desse aí

Mas quem
Senão seu Aquilino
Aprendeu a não escoicear brisas?
Quem
Além dele
Nunca se deu por derrotado
Perante esse Senhor?

Então seu Aquilino
Pegou pra si paciência
Fez dela colírio
E espia
Pela boca das chaves
As intimidades de Deus

Quem sabe
Não foi pra lhe lavar os pratos
Que Ele levou embora dona Canda?

Bisbilhota, Seu Aquilino
E a tudo vê
Nesse tempo de agora

Que cego
Anda para as luzes
E muito sensível tem estado
Para as pessoas que Deus lhe tirou
E ele decidiu ver de volta

a visita do pai

Fica estirado no chão
Esperando que Deus entre

Fica sim
Estirado no meu metro de terra
Que para não te pisar no corpo
Hei de me acontecer voador

Hei de detalhar teu contorno
A Deus, se ele vier
E se ele não nos surgir
Gastaremos só entre nós
Essa galáxia de amor
Que ele nos deu
E nem sabe o que fez

no baixo calcanhar a terra rói

Então é assim, meu bem
O cabelo no dia do nervo inflamado resseca
A mão trinca os fios
De tanto suor

A coisa gelada é serpente
Em nó na nossa cintura
Ainda existe medo e reviravolta
No sono dos manchados

Então dói, meu bem
No baixo calcanhar a terra rói
Tudo é seco no dia da chuva chumbo
A gente se morde
Para conhecer o próprio sangue

Seu prato está esfriando há dois séculos
Minha língua não
Só esquenta
Cuspirei fogo ainda esse mês

Então a gente troca de cores, meu amor
O olho avermelha
A boca branqueia
O cabelo azuleia

Mas o dente é de pérola
E defende o caminho
Da aleluia e da paz

Se você vem, meu bem
Então não é assim
É tudo sem nada
É tudo de perto

Se a dor descer
Para buscar água

E você vier em meu sequestro
A garganta dela fica na areia quente
E da sede lhe faço mestre

Então, bem meu
Deite comigo
Que de água
Eu não mato

fazenda boa esperança

As crianças
Da Fazenda Boa Esperança
Param de viver
Com tocante simplicidade

Acordam desacordadas
Um dia qualquer
E pronto

Tudo é tão coerente em suas idas
Fica melhor quando chove
E é verde o horizonte

Pouco se grita
Depois deitam as crianças
Em jardins celestes

Mesmo a terra
É terra não
É algodão
É poesia analfabeta

Deus vem buscar em pessoa
Uma a cobra beijou
Outra o rio abraçou
Aquela uma foi febre de mosquito

Tem aquelas outras
Que ficam santas
Veem avós mortos
Brotam orquídeas em seus rastros
E depois saem andando para sempre
Não têm peso algum
Tudo não passa de um grande arraial
De brincadeiras

Se a gente ouve choro
É cantilena
Não é praguejamento odioso
É ladainha cabocla e mágica

Na Fazenda Boa Esperança
Quem manda
É o ciclo do mato
A hora do capim
O desejo do vento sul

As pessoas de lá
São elementos coloridos
De fala
E fome particulares

Quando deitam uma cria sua
Sobem um cipreste em homenagem
Deixam livres os pequenos

A fumaça do fogão a lenha
A feitura do sabão de banha
O cheiro de tud´isso
Mais café torrado
E bosta de boi
Nesta cheirosia
E quintessência encantada
Entendem que o brincar da vida
Tem que atravessar os limites
E riem ao invés da tristeza

marimbondo-cavalo

É que minhas costelas
Criaram teias entre si
E tudo lá dentro ficou sem saída

Os peixes dos beijos perdidos
Não acharam mais alimento
Nadam em desespero
E devoram uns aos outros
Na água dura dos meus rios
De concreto

Todas aquelas bondades miúdas
Que me trariam ao portão a criatura
Para eu amar em banho-maria
Estão em casulos de mármore
Com as bocas lacradas
A esparadrapo cirúrgico

O motivo do líquido
Que me acontecia pelos olhos
Perdeu-se em fúria
Aprendeu o fogo e o sertão
Virou poeira
E depois tijolo
E depois verdade sem fim

A única vontade de sol em mim
Hoje trancou as vistas
Perdeu a festa pelo calor

A luta dos homens lá fora
Por nada me pôs medo
Pôs-me pior que eles
O marimbondo-cavalo
Que era meu mestre
Meu guia e razão

Para eu catar gente
E tentar achar nelas
O caminho para desmentir Deus
E reinventá-lo

Virou borboleta no isopor
Virou anatomia solitária
Para cores cegas

Depois pediu licença
E foi viver
E morrer entre outros alados
Deixando-me assim sem pés
Sem crença
Sem vontade
De pôr sangue à toa novamente

amanhecer dói

Nessa manhã sem cerimônias
A luz do céu se desenha
Na poeira do chão
E tudo é quieto

O sangue range
Por debaixo da pele
O olho flutua
No sal da lágrima seca
E respirar
Talvez seja uma insistência desesperada

O que se sente
Enquanto as plantas persistem nos vasos
É dor
Dor pequena

Nada mais agora
É tão inquietante
Só as pálpebras abertas
Só o vidro na janela
Que retém dentro desse quadrado
Aquilo que é a minha existência

Estou tão afastado
De qualquer possibilidade
De me conter
Em minha matéria que soluço
Que tremo
Que tento desmaios
Que engasgo com a minha saliva

Meus ossos me assustam
E é tão somente um novo dia
Levantando-se do breu

Estar presente na solidão do mundo
Tira do conta-gotas da morte que é o sono
Contagia-me de um choro chorado
Sem os soluços do alívio
A vida me atropela
Esfregando a claridade do sol
Na falta de alma do meu espírito

Os pelos perfuram a carne dos cílios
Que limpam o que se vê para dentro
Os lábios tremem
Amortecidos pelas palavras
Que não conseguiram esculpir mais nenhum sopro
A água dentro do corpo empedrou

Se Deus passasse a mão na minha testa
Eu voltaria para mim
Mas é só o começo
Do arrastar de novas horas
E tudo já está no passado das esperanças

As borboletas dominam o ar
E o ar me arranha

Não consigo abrir as cortinas
E despencar minha carne no mundo

Mas é preciso sorrir
Para as pessoas que pairam
Tão descabidas
Como esse amanhecer sem limites

Amanhece...
Sem propósito ou peso
Para a revelação
Da não consistência de nós
E nosso ardor na garganta

Eu muitas vezes acordo chorando
E penteio os cabelos

Escovo os dentes
Escondo as feridas com tecidos
E me contento em tentar aceitar
Que tolero

Estou assustado
Por ser um animal tão calado
Quem permitiu
Que pudéssemos encobrir com a fala
A falta de consolo?

Alguém, pelo amor à caridade
Deseje-me um bom dia
Porque eu às vezes trinco a alma
Quando amanhece

Quem inventou um dia
E me perdeu dentro dele?

o cachorro do rosário

O cachorro do Rosário
Apareceu na missa
Com duas penas brotadas
Nas patas de trás
Cão anjo?
Pode ser não

Jogaram água benta
Pediram dízimo
Fingiram-se crédulos
Pensaram
Na macarronada do meio-dia
E deixaram pra lá

O cachorro do Rosário
Começou depois
A se empestear de borboletas
Nem dormia mais
Com tanta cor voando

Deu, então
Pra babar auréolas
Arranhava a luz da manhã
Que vinha feito envelope
Por debaixo da porta

Latia pra chuva
Lambia, sem morder
Os pássaros que desciam do ar
Pra beijar as formigas

O cachorro do Rosário
Era aquele
Que da ninhada de sete
Tinha nascido morto

adulta

A constatação do fim
Vem de repente
Num vazio de noite de quinta-feira
Onde se assistia à televisão juntos
E a sala agora está desligada

A constatação arranha
A mesa posta só pra um

Tira inúmeras vezes do gancho
O telefone mudo

Não encontra nenhum recado
De paradeiro no espelho

A constatação é tão adulta
E eu sou tão embrião

É tudo tão bonito
E eu no meio
A beleza desses segundos
Repletos de oxigênio e frutos
Deita a lua nas costas das ondas
E eu me aceito menor que as baleias
As estrelas
A música
As orquídeas
O homem dentro do outro
E fora do pecado da morte

É tudo tão bonito
A esperança é uma pérola
Na minha língua
Somos lindos
Mesmo que no meio do susto
Nos esfaqueemos

É lindo
Se não fosse
Eu faria ser
E se eu não conseguisse
Os pássaros
E os peixes
Dariam conta disso

velório

É claro que soube
Da sua morte
Mas esqueci
Porque caiu mostarda
Na minha camisa nova

E deixaram de novo
A pasta de dentes aberta
E ela quebrou na ponta do tubo

Você sumiu
Do espetáculo da vida
E acredita?
Pisaram no meu sapato
De couro de crocodilo!

Que bom
Que seus pés agora
Roçam o chão das nuvens

Tudo me irrita!
Por que
As pessoas não me servem melhor?
Essa cor de casaco não combina
Com minha falta de tato
Para a nudez

E, verdade seja dita
É uma vergonha
Seu caixão custar menos
Que os pneus do meu carro!

Bem que esse algodão
No seu nariz
Podia ser de fio egípcio

Viu que gorda aquela pessoa?
Claro que não!
Agora você vê madrugadas
Às seis da tarde
E as entende

Acredito
Que mesmo acreditar
Seja um engano
Um paliativo para deixar quieto
O enorme efeito
Da brevidade
Que mora nos nossos pescoços
Enquanto eles estão aqui
E o aqui é um plágio do nunca

Tinha que ter explicações melhores
Outras temperaturas de febres
Novos requintes de infecções
Outras nomenclaturas de grito
Outros ângulos
De ser e estar de passagem

Vai ficando cada vez mais obtuso
O porquê de a luz complicar a clareza
O alimento da flor dos sonhos
É o mínimo

laranjas a três palmos do chão

Íamos pelo chão de pedra
Descalços
Vovó me levava pela mão
Eu, passos lentos
Já velho
Comigo ainda acabado de nascer em meus braços
E atrás de nós
A três palmos do chão
Flutuavam todos os meninos
Rapazes
Homens
E velhos
Que eu havia sido

Vovó cantava
Com a íris e a garganta fechada
Eu ouvia
Os demais dançavam
E beijavam-se na testa

Foi assim
O dia em que vovó foi me ensinar
A colher laranjas
No fundo do quintal do céu

a respeitável senhora

Falo de colesterol
E variações de temperatura
Agora que possuo setenta e seis

O carteado também muito me agrada
Evito doces demais
Sou uma velha calma
Sou uma velha falsa, circense

Tudo na verdade é mentira
Fumo muito na madrugada
No breu
E não amo tanto assim
A família que iniciei

Tenho até um pouco de vergonha
Queria que meus netos machos
Fossem mais cruéis, valentes
E as meninas
Não estivessem tão previsíveis
Imaginam-me tão pura
E são tão chatas

Justo eu que tenho filhos ilegítimos
Bebo álcool clandestino
Em vidros de tônico
E ainda morro de amores
Por aquele rapaz
Que tudo me negou
Do começo ao fim

Ah!...Como é agradável a hora do chá
Que vem chegando
Pena
Que hoje estou um pouco agressiva demais
Para essa longa comédia de manteigas
Costumes
E gente fraca

a mansidão do céu

Falo do inferno como um primeiro degrau
Já que depois da dor
Há um ou dois instantes de angústia
Antes de se conseguir chorar

E mesmo estar riscado por arames farpados
Por todos os hemisférios da carne
No fundo é nada, é um vestígio
De estar vivo para receber a morte

Falo de coisas que foram feitas sem paixão
Escaparam de qualquer lugar e aqui estão
Torturando os desalmados
Maltratando os que dormem por falta de escolha

Falo de um abismo corrosivo
Que nos depreda qualquer emoção nobre
Que não permite revolta ou comunhão
Falo de acordar a noite e vê-la devorando o mundo

Se houvesse duas mãos sobrepostas
Ou um pouco de fogo branco
Para borrar o escuro impregnado de solidão
Falaria do amor

Mas falo do fracasso da felicidade
Que criou patas descomunais
Que acariciam as cabeças
De gente perdida de gente durante a chuva

Falo dos ninguéns e o faço com a podre compreensão
Que está gravada nos nervos
Falo em não poder achar leveza
Em expor as costas às sombras do céu

Falo em não acreditar que o céu
Não é tão manso quanto insinua

carnificina sagrada

I

MACHO

Se tivesse que fazer com outro homem
Seria com Joshua
Não que queira chegar a este ponto
É só suposição
Só impossibilidade

Ele é um rapaz bonito
Quando nu é mais irritante
Tomamos banho no vestiário ontem
Constatei tudo

Não que eu o deseje
Não que tenha dúvidas
Sobre meus sonhos
Seria num dia de muito álcool
Sozinhos

Coisa de amigos que somos
Eu cairia tonto
No meio de uma risada
E na subida
(credo, como estou pensando bobagens!)
Nossas bocas ficariam justapostas
E depois...

Depois não consigo mais pensar
Tenho repulsa
Tenho medo
Ele é tão forte quanto eu
Seria quase que um jogo de espelhos

Não que eu vá fazer algo
É só um erro

Só um espasmo contido
Se eu tivesse que suportar
O corpo de outro homem
Seria o dele

E depois teríamos amnésia
Não tocaríamos no assunto
O fogo velado
O animal escondido
A boca vermelha
O resto de sangue branco nas mãos

Se eu tivesse que fazer esse crime, Joshua
Seria capaz de te arrancar
O que de mais belo está preso no meu arrepio
Lamber-te com a delicadeza secreta de todos os machos
Esculpir-te na novidade dos afetos velados
E te tocar
Como tocaria em mim quando me aceito em mim

Ah! Isso é pura abstração
Puro nojo
Não deve continuar

Um tapa na cara
E o cheiro do teu sabonete
Tenho tido surtos
Tenho soltado líquidos
Tenho percebido
Teus detalhes com maior aflição

Nunca faremos nada, é claro
Só pensei o que pensei
Porque me confundiu um pouco
O teu olhar no meu
Enquanto ontem nos banhávamos
E fingíamos
Não estarmos tremendo
E sentindo calafrios

Mas já passou
Graças a Deus
Ficou na toalha
Evaporou
Virou nuvem

O problema é que
Sempre torna ao chão
A água que subiu aos céus
Mas por enquanto
Estamos salvos

II

FILME

Aquele moço do filme de ontem
Tem me deixado irritada
Por que será
Que ele tem a boca tão montanhosa?
Por que a luz
Parece refletir
Na pele dos seus ombros
E espirrar em minha direção
Pondo-me vontade
De gritar entre os meus seios?

Não queria ter visto nada!
E ele se mexe no meu focinho
Sua língua impertinente solta grunhidos
E frases sujas na minha nuca
Maldito!
Hoje não me deixarão ver televisão

Não verão também
Lacrei a tela com grossas lambidas
Afoguei o infeliz
E afundei junto na saliva

III

CARRAPICHO

No meio do mato não é pecado
É lei da natureza
Deus deixa
As árvores incham para encobrir
É como ser bicho

O sol agradece
Não pega medo
Não dá remorso no caroço-coração
Não fede
Só exala broto-flor-de-pele-poro

No meio do mato
É para ser esquecido
As folhas morrem
É só na hora

No meio do mato tem desculpa
Tem terra pregada na pálpebra do pé
Que faz cócega mas não cega
Só faz aumentar a coisa

No meio do mato é prima-brincadeira
Não dá responsabilidade
É eternamente gozo
Molecagem e só
Se é que há outro delírio
A se querer abaixo da luz

IV

CORONEL

Ele só impôs quatro condições
Poder ficar com os sapatos altos: Uma

Não ter que sair de perto das plumas: Duas
Permanecer com o batom na boca
O maior tempo possível: Três
E ser chamado de coronel
Em qualquer posição que fosse colocado

O resto deixou para o imaginário do outro
O dele estava armado
Na vida real paralela
Gemendo
Com a diminuição da luminosidade
Do abajurzinho de pele de borboletas
Que fica no quarto 15
Do corredor 2
De uma cidade qualquer: Quatro

V

FALADO

Narre o que está fazendo comigo
Enquanto o faz
Conte bem explicado
O trajeto dos seus dedos
O arranhar dos seus pelos

Perca bastante tempo
Na narrativa das suas coxas
Avolumando-se entre as minhas

Invente, se for preciso
Vinte umbigos em minha barriga
E prometa coisas tão estraçalhadoras
Que me desnortearão em cada furo meu
Criado pela sua ânsia

Detalhe às mordidas
Os micromaremotos
Que me colocará pelas tripas

Pelos tapas
Pelos poros

Cante para mim
Quando eu torcer o pescoço
E apontar o queixo para o céu

Cante
Lasque-me corpúsculos seus
E cante
Até me fazer secar entre contorções
E voos molhados pelo chão

VI

PRECE PARA UM CASTIGO

Olhas o volume na geografia humana
E tens vontade de pôr perfumes
E abrir a pele?

Olhas a imagem do Cristo crucificado
E tens medo?
Tens aquela lembrança
De que daqui a pouco tudo vai acabar?

Vive, então a tua vez aqui embaixo
Louvando os teus iguais
Salivando pelas tuas coxas e umbigos
Sem culpa
Sem chicotes

Nada de mau te acontecerá
Se usares absoluto
Teu desejo e tua delícia
Então faça

Nada te cairá feito um raio
Do céu para tolher teus músculos

A dor arrecadada aqui
É meramente de tua confecção
Será puramente o reflexo
Da tua covardia
Do teu desrespeito
E do teu desamor

Quando chegares lá em cima sim
Será a hora do sangue triste e preto
Escorrendo pelo furo das mãos
Do peito
E não escorrerá senão em castigo
Pelos minutos aqui desperdiçados
Pelas bocas não beijadas
Pela contenção das estases...

Pensa nisso
E tua hemorragia de amanhã
Será cisco
Perante tua perversão de hoje

VII

A TERCEIRA RAPOSA

A terceira mulher deverá entrar
Quando em nós já houver insanidade
Com o quarto chumbado de escuro

Não deverá falar nada
Apenas entrar em nós duas
Como se fosse nós duas
E na triplicação das línguas
Terá que fazer tudo na mansidão

A terceira raposa trêmula
Deslizará sebosa em nosso abismo
Confundirá os vales gemidos em nossos ares

Se ela gritar, choraremos
Se ela se assustar, sopraremos
Se ela for feita em espiral
E trouxer o quadril em liberdade
Suaremos até o desmaio

Reviraremos no leito feito angústia
E antes de conhecermos a luz
Nós três
Num pacto de eterna fantasia
Brincaremos de cabra-cega
E nos desvencilharemos
Invisíveis

A visão das deusas
Pode estragar a fé de gozos
Que com elas dedilhamos
No anonimato

VIII

LÁBIO INFERIOR

Usaria teu lábio inferior como esponja
Para os demorados banhos de fogo alucinógeno
Que tomo nas noites de sexta-feira
Pegaria o topo das tuas unhas
E rabiscaria sulcos de perversão na testa que tenho
E que se encaixa muito bem na tua virilha

É hora de fome em minhas veias
É dia de danação em minhas águas
Usaria tua língua como guia da minha loucura

Jogaria os braços para cima
Arreganharia a pele do corpo
E deixaria vir as lambidas, os beliscos
Os dentes
Os teus dedos se enfiando no milagre

A queda do sol no meio do teu regaço
E guardaria para depois da morte
Para a segunda vez
Para o rebrotamento da ânsia na madrugada
O teu lábio superior

Tiraria com maestria de cada parte tua
Uma quantidade sobre-humana
De batedeiras, salivações
E berreiros abafados língua a língua

Aparece, por clemência!
Hoje já é princípio de final de quinta-feira
Hoje é a borda limite
De quando eu começo a cheirar forte
Hoje é a data na qual me foi permitido
O teu consumo completo

IX

JOELHOS

Para essas coisas começo pelo joelho
Primeiro cheiro depois cuspo
Envernizo meu terreno
Raspo os dentes ali
Correndo o risco de ser pego de surpresa
Por um susto ou uma pancada
Impavidez e tranquilidade
Bem no meio do crime atiçado

Depois subo lambendo a vizinhança dos cheiros
Os repentes dos músculos úmidos
Para chegar à boca demoro sete mil minutos
Gasto toda minha água
Brinco com o limite da minha presa

Para essas coisas é paciência
Quando cravo a boca com a boca

Rios emergem
Gritos se estapeiam
A luz da cidade ao sol se acende
O ar chove faíscas
Então o beijo
No fundo
Certeiro
Potro

Para essas coisas
Uso uma noite inteira
E a fina casta da minha força

Depois da enchente
Volto aos joelhos
A febre por todo canto
Na altura dele

Busco um pouco de água na torneira
Coloco o queixo no lugar
E deixo a pessoa ir se afogando
No temporal particular
Que lhe despenca
Das próprias sedas exaustas

Saio
Vou embora
Não sei se volto
Não sei se sabem
A sintonia da minha correnteza
Que tanto já me arrastou
Ao fundo do paraíso

X

VERGÃO DE FLAUTA

É tão jovem
Minha aluna de canto das quartas-feiras

Tão indecente ao mesmo tempo
Quando erra uma nota
Pede para ser amarrada
E espancada com a flauta

É tão filhote
A filha cria de mulher que vem
Monta na banqueta
Abre a partitura
Abre as axilas, abre os joelhos
Chora com a música
Arranha-me ao final do teclado
E perde o fôlego
Caindo de costas em meu tronco

Às vezes dou-lhe doces
Ela os azeda
Às vezes dou-lhe flores
Ela as esquece
Às vezes dou-lhe cãibras e vergões
Ela agradece
Fecha os papéis
Despede-se
E promete
Que vai aprender a gemer em dó menor
Por minha causa

XI

PELÚCIA

Dá-me algum para o táxi
Chega!

Já se faz bolorento
O roçar de nossas coisas do corpo
A língua enjoou

Talvez eu volte no mês que vem
Talvez tenha sido desfeito
O vapor do encantamento

E se assim foi, até nunca mais
Nosso negócio era a idolatria externa
A comunhão pelada

Dá-me também a toalha de rosto
Para secar-me as dobras e restos
Não tenho mais estômago
Para os teus dedos
Nem tampouco tua pelúcia

Nada tem a ver com teu coração
Que nem sei o nome e a cadência
Tem muito a ver com o teu quadril
E teus tentáculos

Vou-me, então
Cheio de arranhões e exausto

Verão que vem, quando pararem os ardidos
E os sangues pisados no pescoço
Quem sabe nos acharemos
E nos assaltaremos
Assim de modo endiabrado?

Quem sabe é vício real
E então retornaremos sedentos
Para o rebatismo da febre?

salão de baile

A valsa de aleluias
E garoa e pétalas
Na minha janela
Essa noite fez beleza
No que há muito era vazio

O cheiro delas
Era doce e forte
E cegava a camomila do sono
Foi o melhor perfume
Que me rondou os sonhos

Quando abri a janela
Era salão vazio
Cheio de passos
Dançados nas costas da luz

Depois do baile
Os insetos e a brisa
Voltaram para o céu
As plantas para as sementes
E eu pus em pé
O teu retrato novamente

gangrena

Tem a casa aberta
Tem um corpo limpo
Que pretendo guardar dentro do meu

Tem nada entre um e outro dente
E um oceano
Evaporado nas cavernas do nariz

Tem fome já matada
Ânsia de nada não tem
Graças a Deus
Mas sem Deus nem sílabas

Tem depois do sono
E o terreiro varrido
Tem a cidade lá fora
Tem o osso
Aqui dentro num abraço duro
Numa imitação de cascas de baratas
Que não estão, já se foram
Preferem viver escondidas de nós

Tem tudo que dá medo
Tem o arame com roupas esticado
Tem a ponta da língua
E a ponta das folhas
Na ponta dos galhos
Na ponta da porta do céu

Tem a puta desapontada
Tem a ponte em cima dos bacuris
Tem a perna cruzando a porta
Tem sol

Tem a movimentação dos cílios
E o que é paralítico tem

Uma carta
Um verbo fora do lugar
A corrosão da retina
Na hora do choro-lembrança
No balanço da escrita
De quem é ausente

Tem tanto ar aberto
Tanta repetição
O que estragou o leite na boca
Tem
O grito descendo de volta
Contra a maré vermelha
Do nosso fígado inchado
Tem
Aquele menino com carrapato e fome
Na calçada
Com o mesmo coração capacitado
Que o de qualquer um
Tem

Tem a minha e a tua mãe
Aquele mosquito rondado
As chagas do cachorro
Tem um risco dividindo a estrada
Tem um medo dividindo a gente
Tem a sempre viva agonia
Do que não se sabe dizer
Tem uma trilha
Pelo ar que talvez conduza
A um espasmo de vida sem gangrena

São feitas de mentiras
As histórias com que os pais
Colocam para dormir
Em lençóis bambos de esperanças
A inocência de seus filhos

A barra da calça
Da minha primeira comunhão
Não soltou um ponto
Porque minha madrinha
Quando a costurou
Misturou tanta bondade
Entre a vida dela e a minha que...
Tem alguma palavra capaz de ser honesta
Com essa grandiosidade?

coroado

Subiu ao trono
No dia dois de setembro
Com seis anos, tonto

Sentaram Tonim Arcanjo Aricó
Na cadeira da barbearia
Rei posto!
Cabeludo

Todo desajeitado
Tímido por fora
Fervilhante no coração

Puseram o manto lindíssimo
(Aquele plástico meio sujo ao redor do corpinho)
Prenderam com alfinete de ouro
Esmeraldas e diamantes
(Aquele prendedor de roupas gasto)

Trombetas!
Tzim, tzam, adeus
Cabelos caíam
Dorzinha de saudades
Dragões mesclando a mente do menino

Medo
Tesouradas
Navalha na nuca
Riso afobado
As fadas juntas aos cachos
Apartadas

Por fim lindeza aguda
Redescobriu um rosto
Só dele e suave

Ah!
O maravilhoso reino particular
Da vaidade infantil

Desceu do trono
Deixou o súdito barbeiro de joelhos
Todos o olhavam e ele
Voador do entardecer
Novo e estufado
Como acordar
Repleto de curiosidades
No dia de Natal

matriarca

Havia um banco de pedra
No alpendre da casa de meus avós
Que combinamos
Quando bem pequenos
Eu e meus primos
Que ali seria o céu

Quando morreu minha avó
Perguntei aonde ela tinha ido
E me disseram:
"Para o céu, meu filho"

Corri para o terraço
E lá estava ela sentada
Quieta e inexplicável
Fiquei sossegado
Quieto e inexplicável

Só eu e meus primos
Podíamos vê-la
De agora em diante

E ela
Impalpável
Enfiava seus dedos de santa
Em nossos cabelos
Sempre que passávamos
Correndo entre as plantas

preto velho

Se Deus é o pai amantíssimo de Jesus
Ele abraçou o filho por trás
Na hora da sua morte

Então
Vendo Cristo crucificado
Eu me ajoelho
Por aquela árvore morta
Que serviu de cruz

Ela
Por lógica
É Deus
E se Deus é planta
E eu escravo do oxigênio
Fotossínteses me aliviam mais
Do que carne espancada
E orações espinhosas

as rãs ficaram pulando de alegria com as lebres

É de
Às vezes
Ir jogar farelos
No terreiro das lembranças
De coisas que até nem são suas
Que se enche um outono de tardes

As cicatrizes estão quase cruas
No forno a lenha
Que é o ninho dos gatos-do-mato
Arranhando o embornal
Com o pão do pomo dos seus dedos
Passeando na garoa dos meus lábios

As rãs hoje não subiram no orvalho
Para ver a barra da saia de estrelas
Que a Nossa Senhora veste
Para esparramar vaga-lumes
No calcanhar das noites
Com a gente dentro ou fora
Do preto transparente de sonhos delas

As rãs ficaram pulando de alegria com as lebres
Enquanto eu decidia se chorava ou não
Esperando você e o quiabo chegarem ao ponto
De ser mais uma vez
Hora de sentar e comer
E agradecer a boca cheia
Da sua

cozinha

O fogo encanado prepara a cenoura
A água quieta no filtro
Cuida silenciosa de nós

A cozinha é sempre a memória
De quando sentados no chão
Éramos simples e voadores

Mas tudo está quieto, escuro
A pele cortada insiste na obra da cicatriz

Falar com Deus é mais perto
Quando se está mudo
E marcado por profundas falhas

A vaidade risca como rastro de pó varrido
Que ainda seca nas narinas
O sangue empedra as mãos frias
Porque o medo de nós
E de nos sabermos fracos
É certo e não acalma
As imagens em tumulto por baixo da testa

As vozes trancafiadas no rádio desligado
As fotografias coladas na parede
A vontade de estar em outra cidade
Para sentir saudades de casa

O eterno desejo de chorar
Quando se escreve sobre todas as coisas
Que nos transbordam

A noite hoje é mais mansa
Porque o pé alcança melhor o chão
Depois do susto
Qualquer impressão é fantástica

O fim cavalga lento e enorme
Abrindo pausas para o silêncio passar

Eu queria atravessar de novo o mato
Descalço
Como no tempo da falta de medo
Pelos escorpiões

Queria arranhar a terra lá do jardim
Da casa onde eu rolava com os cães
Perseguia os grilos
E minha roupa
Era do tamanho do pano de prato
No ombro da minha mãe
Enquanto ela fabricava
O cheiro de cebola frita
Para receber o meio-dia

Queria ter me perdido
Naquele sol incisivo
Na trilha das formigas
No corregozinho d'água
Desenhado com os calcanhares
Na esperança de que os pardais
Pousassem na minha mão

A distância de agora para essas imagens
Às vezes me tira a fome
Às vezes me amarra ao telefone
Às vezes me salva a vida

Hoje sou assustado
As ilusões foram todas gastas
Nada mais frutifica

O mundo resume-se a alguns metros quadrados
Que percorremos sem nexo
Em busca sempre das mesmas poucas coisas
Nenhum tipo de contentamento é possível

Não se pode dormir
Porque a chuva semeou pesadelos no sono
E há saudades boas e amargas
Vigiando todas as coisas

Não somos o que de nós sonhamos
Nada do que fizemos
Foi tão grande ou desprezível
Somos a ameaça pelo comum e isso nos judia

A única maneira de curar as mãos desesperadas
É beijando as alheias
Mas estão todas fechadas, escondidas
Enjoadas do toque

As fantasias foram dissolvidas
Pelo despertar que a luz despeja
E ninguém sangra mais por isso
É tudo plano, difícil e maior que nós

E por que tem que ser assim
Tão volúvel quanto essa pausa
Para sentir a ferrugem dos meus nervos?

Porque em uma hora
Sou o delicado cheiro da comida da minha avó
E na outra
O assassino dos bons gestos que me entregaram?

Queria alcançar as panelas no fogão
Alcançar também uma lágrima não vista
E depois enxugá-la
Na barra das saias
De todas as mães do mundo

Eu queria sim um momento de plenitude
Uma formiga cor-de-rosa alegrando-me os pés
A coragem de beijar retratos vivos
E a inteligência
De conseguir ficar quieto diante da água

ecos

Às vezes hei de ter ecos
Melancolias, distâncias
Numa densidade segura
Bem enquanto estarei
No lóbulo dos teus braços

Às vezes te abandonarei
Rumando no rastro de uma memória
Que riscará com as rodas de seu triciclo
A vacância dos meus olhos
Lenta, porque assim são os fantasmas

E tudo te será oculto
Nada poderei contigo dividir
Se eu chorar será um exercício íntimo meu
Do qual nem eu e só eu sei

Juro que estas breves vastidões em mim
Não lanharão em nada
Do que por ti está sendo sagrado
Aqui no meu aljazar
Só não as direi para conforto teu

Às vezes terei fisgadas na água da boca
Que poderão te deixar com medo
De enroscar os pés nas algas
Que lambem o mesmo coração
Que te entreguei ontem à noite
E quando amanheceu
Já era outro
Mas contigo dentro igual

ezequiel

Ezequiel tombou
De dor nos rins
No meio do começo do inverno

Era amor, claro
Porque esse é um poema
E Ezequiel estando nele
É um vulto de gente

Deram de tudo a ele
As folhas
As rezas
As águas

Piorou
Porque era amor, claro
E seu lugar na Terra
Era um pedaço de mundo real
E Ezequiel um homem

Ficou quieto
Não disse nem a Deus
Por que essa história
De agora estar doente

Ninguém suspeitou
Que era amor, claro
Porque aquela dor era neblina
E Ezequiel um vale perdido
Dos entenderes daquela gente

Nunca mais sarou
Porque, claro
Não quis

Para quê?
Já que isso, o amor
O havia feito tão sobrerrasteiro
E as coisas, lógico
Eram farelos de sonhos
Que usava para infernizar os rins
E ficar fermentando dentro deles
Aquela dor divina

que outro ser pode estar tão próximo da luz?

Vão nos tirando o tempo
Mas quem precisa dele
Quando as linhas caridosas em nossas mãos
Alisa a pele do pai, do vizinho, do cão, do mar?

Para nos reproduzirmos passamos pelo prazer
Que outro ser pode estar tão próximo da luz?

Vão-nos tirando tudo
E nós
Lindos que somos
Respondemos com o milagre
Da fabricação da água nos olhos

maricotas de seda

Gostava de raridades
Etelvina Cássia
E foi encontrada quase morta
Com crises de diabetes
E velhice avançada
Nas costas duma estrada de chão batido
Perto do limite do município

Quando perguntaram o que sentia
Disse, estapafúrdia
Que a decoração do mundo
Era escandalosa de perfeita

"Vejam
Aqui nascem dúzias raras
De maricotas-de-seda
E essa terra toda
E todo esse mato
Tomam ares de campos medievais
Em contos de princesas"

Riram dela
Porque as flores
Não se chamavam maricotas-de-seda
Nem eram preciosas

Etelvina Cássia
Só ela sabia
Que aquelas ali eram diferentes
Pois haviam sido feitas à mão
Essa madrugada
Por Aparecida Preta
Uma escrava fiandeira
E amiga sua em sonhos
Assassinada pela saudade
Que nas fendas da luz

Abandonou o céu e surgiu ali
Para bordar o capim
Com as brotoejas
Feitas da seda amarela
Na qual dormem embrulhados
Todos os anjos do paraíso

acordar é dever de quem dói ou o jantar

O bicho está aberto
Mas poesia é maior
Ter vida e errar não é defeito
A água ferveu no copo
Contudo é vício ter a pele roxa

O bicho está perdido
O outro cozinhou na panela
Acordar é dever de quem dói
A coisa infinita chegou num envelope
Com a tua letra

Ninguém deveria morrer
Enquanto é amado por outro
A fruta no jarro foi moída e é doce
O coração só foi espancado e é azedo
O banho ainda está preso nos canos
Nos ombros cabem bem
Todas as dores do homem

Com duas voltas na chave
A porta abre a boca do mundo
O vento entra
O bicho não sai
A carne está pronta com sal
A mesa posta
O bicho vivo com o morto

Comungar é sina para estar em pé
Com o primeiro espeto do garfo
O bicho vivo descobre
Que está mais morto que o salgado

o mar

Nas eminências de saber o mar
Meu sangue todo entra em retrocesso
Esfriando-me as mãos
Pesando-me nas artérias como brisa
E meu coração
Que é a cisterna de onde ele brota
Fica manso em sua cólera

Nas cercanias do sal triscado por areias e baleias
E a memória do começo das vidas
E o brilho azul de sua pele
Que serve de espelho
Para sola estrelada dos pés de Deus
Eu raspo de sonhos no céu da boca

Visito essa eternidade de ventos e correntes
Triste, por não saber voltar
Para onde já nasci tantas vezes
E não posso nunca ficar para sempre

E em seu encanto líquido
Quando em suas tapeçarias
De fetos de pérolas cravamos os pés
Ele, absolutamente poderoso e quieto
Como convém a um rei
Nos rouba e nos deita
É impossível assisti-lo em pé

Então a generosidade divina...

Suas veias abertas
Seu sangue cristalino
É para nós
É para nele mergulharmos
Minúsculos que somos
E catarmos as conchas incrustadas do mineral
Que nos preenche os poros da alma

★

Talvez seja essa a materialização da paz
O primeiro argumento da felicidade
A obscura pista para a claridade
Que aquietaria nossa enorme vocação à queda
Talvez sejam esses espasmos ondulados a sol
Que me façam sentir
Como se estivesse no colo da mãe absoluta

Afundo a cabeça em seu umbigo
E percebo que ali não cabe minha vida

É muito triste ser filho da água
E estar castigado a viver no ar

pardais vespertinos

Tinha vontade de abrir a porta
E deixar que os pardais da manhã
Tomassem o quarto
E beliscassem-lhe as costas dormentes

Puro ciúme do sono
Que o roubou de mim a noite toda
Mas não abro a porta de forma alguma
Mesmo magoada velo pelo seu sono
Os pássaros estão lacrados lá fora

Chego ao início do dia sobrevivida
Depois das oito horas
Em que se arrastaram os meus pensamentos
Nos quais fabriquei amor
E ciúme
E andei de trás para a frente
E achatei pernilongos

Vitoriosa sobre meu coração
Recebo a luz assim
Lavada de breu

Queria tanto
Ter esparramado meus desejos sobre você
Mas o abismo dos sonhos o seduziu
Chegou primeiro

Tinha vontade de fazer barulho
Mas logo passará
Quando ranger os olhos no rosto tonto
E voltar às minhas teias de domínio
Tudo há de se abrandar...

É pensando nesse instante
Do seu reencontro com o rastro do meu peito
Que tenho gasto todas as minhas noites

mato novo no prato

O reencontro do retrato três por quatro
No espelhinho de bolso
No reflexo aquoso formado
Com o resto do banho

A procura da mão esquerda no vapor
Na noite quedada
A cabeça sem dedos alheios
Provocando caracóis nos fios dela

A falta de ar em pleno vento aberto
Mato novo no prato
Garfo enferrujado na língua esfriada
Usada de hoje para a frente para o verbo e só

Faca sem lâmina isolando a pele dos vegetais
Apenas as sementes na louça
Teus pés para fora
Teus produtos voando no rastro

Tempo negro de encerrar cortinas
Trancar a casa
Acorrentar a carne de volta ao umbigo

Minuto de deitar
E enfim dormir do jeito raso
No arrepio dopado
Sem entrelaçamentos
Ou subemoções
Ou pretextos para nada

O ser em pelo no seu esplendor
Na sagrada forma projetada por Deus
Só

*

Então você há de me chamar
Para ver os pardais
Tomando banho de terra pela manhã
E se meu coração não estoura
Vou santificada e plena
Contemplar o sol nascente
Através do calor em seu corpo

beijo de língua

Nossos pequenos desejos
Para as coisas que sonhamos
Não passam de grãos ridículos
Aos olhos dos nossos iguais
Porque o que sentimos
É tão profundo em nossas mãos
E tão enfadonho aos pés dos outros
Que passaremos todo nosso curto tempo
Tentando acariciar as pegadas alheias
Na esperança vazia
De que elas nos afaguem as linhas das mãos
E isso nunca ocorrerá

Nunca dormiremos nus e abraçados a todos nós
Que somos a mesma carne
Galgando a mesma morte
Porque em nossos nervos
Foram semeadas lágrimas distintas e irmanadas
Então ignoraremos sempre o medíocre do outro
Invejaremos com afinco
O que se supõe divino nos alheios

E quem somos nós para sabermos do pó
E da estrela na pele de cada qual

Para nos acalmarmos da intuição correta
Do nosso nada
É que inventamos diferenças entre nós

Eu queria abrir a porta e beijar de língua
Todos aqueles que não entendem a morte
Como eu

terra firme

Deitem-me num barco
E atirem-me ao mar

Quero prostrar as costas
Na superfície inconstante das ondas
Porque nada em terra firme
Pode me trazer a falta de medo
Necessária à vida

Porque nenhuma raiz
Prendeu com ponto cruz
Minhas unhas à terra
Que regorjeia água e flores
Então sou um estrangeiro nessa paisagem
Sou um erro nessa perfeição

Deixem-me à deriva
Às garras do azul

Que da minha língua
Nenhum peixe belisque uma letra
Que do meu desgraçado coração
Nenhum homem se aproxime
Não que eu não os tenha amado
Pelo contrário
Mas preciso boiar longe de mim

Não fui feito para suportar meus pés
Amassando pedras e ervas
Isso me dói
Queria a flutuação

Deitem-me ao mar
Meu corpo dói entre vocês
Minha pele queima
Quando beijada em falso

*

Deleguem-me ao horizonte úmido
Porque seus ruídos se pregam na minha carne
E a carne me põe doente

Gostaria de suportar o amor
Entre meus irmãos
Mas isso para mim é muito

Então deitem-me
No que há de fazer
Com que minhas falhas
Sejam nada
Perante tanto líquido
E tanto Deus

Os elogios não me pegam mais

Maria Beatriz bate a cabeça
No teto das suas ilusões
E depois chora
Como se das suas lágrimas
Saíssem soluções

Mas ninguém disse a ela
Que lamúrias
E pontapés
Não fazem caber

Contudo, Maria Beatriz
Ainda consegue
Achar por onde amar João Alfredo
Que só faz dela
Um depósito de frustrações

Será que tudo isso passa?
É o que ela se pergunta
Com as pernas abertas
E o coração apertado

Tem ventado tanto ultimamente
Mas Maria Beatriz sofre de asfixia

bordado cego

Tanto que eu avisei
Tome cuidado comigo
Senão deixe agora o meu coração
Ponha de lado
Que ele estando assim
Só roído
Eu dou um jeito de achar
O caminho de volta à solidão

Mas você disse que tinha forças
Para arcar com quantos corações
Houvesse dentro de mim

E eu
Tonta de alegria
Abri cada centímetro meu
Pus ao seu alcance
Cada cisco do meu universo
E quando eles vazaram das suas mãos
Os meus sentidos
Já iam numa distância tão desgraçada
Que cerrei, pálida, os olhos
E fiquei por aqui
Neste lugar sem pontos cardeais
De onde nunca mais tive como voltar

Aqui guio cabras
Sou cega
Colho borboletas
Como espinhos
Às vezes entendo o amor
Por quase um fragmento de segundo

Tateio alívios
Peço esmolas e recebo lembranças...
Então triplicam de infinito
Esses campos insanos

caixa de brinquedos

Tem uma vontade de Paraíso
Nas algas dos meus nervos
Tem um gigante de zero ano
Perdido na minha caixa de brinquedos
Cuidando da minha velhice

receita de bolo

No baixo coração ponho polvilho
Tenho paciência, fermento
Calço com fotografias tuas
Quando ele bate
Cresce alguma coisa

Gosto de ter sempre por perto
O rosnar do teu velho cão
E o doce das minhas abóboras secretas
Boto em concha as mãos na orelha
E ouço lá no fundo dó-ré-mi de costelas e coração

É o amor gritando enquanto dedilha
As tranças na cabeça da minha alma
Sou feito uma chaleira de casa de avó
Já fervi tanto em néctares
Que só de olhar em mim adoço tua boca

o animal antigo

De repente
O estranhamento
Do bicho ao meu lado
Abaixado
Alto
Roedor

Para mim
Anos completos dele ali
Em casa
Sobre mim
No meu arroz e no meu sono
Sabendo dos meus vincos, vermes e versos

Sua estadia fiel ao lado
No meu debaixo
Ocupando as bordas das minhas fotografias
No meu pescoço
Sujando-me de amor
Abanando-me
Plagiando meu ar
Pondo-me pontos finais
E repartindo meu cabelo ao seu modo

De repente o olho pelado
Sobre o homem meu residente
Meu possuidor
E a certeza
Desde ontem deixei de amá-lo
Desde antes das duas noites idas

Venho suportando-o
E perdoando-o os afetos
De repente a hora
De colocá-lo próximo às escadas
Deixá-lo só

E indicar com um risco de insipiência
O caminho do chão salgado de lua lá fora
Longe do meu abismo
Dentro do meu mistério
Fora da minha respiração rebenta

De repente
A reposição do animal ao plasma
E do peito ao campo
Para ser rasgado novamente
Pelos furacões

o homem sobre homem

Abra as janelas
Para que tanta química?
Para que tanta invenção?
Se a natureza foi tão simples

Se é só deitar um sobre o outro
E deixar a vida fazer a vida
Permita luzes
Não é preciso mais golpes de ilusão

É só corpo
Deus
E o fluxo primitivo
Do homem em comunhão com o homem

Se alguém precisar de algo mais
É só tentar o amor

as memórias não precisam de nós

Os endereços perderão o sentido
As certidões
Vão parar de atestar feridas

Todo movimento
Vai se descobrir sem por quê
O mundo não vai deixar de rolar
Ao redor do próprio umbigo
Os desertos
Entrarão pelas torneiras de todas as casas
Os oceanos
Morarão no teto de todas as árvores

Os números que nos mapeiam
Serão vencidos por novas verdades
As sombras serão sopradas
Para longe desses dias defeituosos
Essa paisagem que nos aprisiona
Vai se metamorfosear em novos tempos

E o ciclo das estações
Continuará seu espetáculo de silêncios
Puxando todos os animais para debaixo
De todas as plantas

bordei o domingo com ponto cruz

O ponto cruz é tão simples
O pano de prato
Que tem ele nas bordas
Está na alça da panela
No fogão a lenha

O capim tomba
Na marcha à ré do vento
A hortelã está fresquinha
Mas a manga está verde
Com o domingo inteiro nas costas

Se varrer o terreiro
A poesia sobe
É bom que com esse calor
A roupa no varal seca
Antes da tarde voltar
Para trás do horizonte

Para passar as camisas
É melhor ficar descalça
No chão batido
De lembranças
De quando anteontem
Começamos a engatinhar

Tem uma fila de formigas
Ensaiando a procissão
De Corpus Christi no portão

Sopa só à noite
Porque os grilos
Começam a pedir já logo
Na íris da primeira estrela

A cerca caiu das pernas
Mas a jabuticabeira

Está de novo com sua catapora
De florezinhas brancas
Já viu?
O branco depois vai para dentro
Apaixona-se pelo caroço
Abraça o amante e só o larga
No escuro da boca
Explodida em açúcar

Tudo hoje está assim
Cheio de satisfações
Pardais demorando no banho de terra
E eu enfeitada
Com toda essa perfeição

A vaca mugiu
Para tirar uma nuvem da frente do seu sol
O leite ferveu na véspera do doce de coco
Um menino abriu a torneira da bica
E grita de alegria com os fios de água
Simples e complexo assim

Se precisar de mais um pouco
Peça que a vizinha empresta
Só devolva a xícara antes de esquecer
Que depois tem o milagre do sono
Sim
É preciso descansar
Para receber tanta maravilha

o escoiceamento das magnólias

Por enquanto sai daqui
Não fumes demais
Chupa meus dedos quando voltares
Não estou pedindo que nos esqueça
Pelo contrário
Resgata-nos aos poucos

Acordei hoje com ares de histeria
Destruindo pausas
Quebrando pequenos verbos
Da nossa imensa manufatura das letras

Por enquanto abre a ventania do inverno seco
Que nos imobiliza
Dá-me ares
Dá-me espaços
Dá-me saudades de mim sem ti

Por enquanto silêncio
Ausência
Força

Depois volta cheio de flores
Que estarei manso
E abrirei sorrisos
Carnes
Braços
Línguas

E farei de ti mais uma vez
A seiva viva e corrente
Onde bebem vida
As magnólias que criam raízes
E escoiceiam cores nas peles
Esbranquiçadas do meu amor

pétala de samambaia crioula

Vai armando a feira de cuícas
Na calçada das samambaias
E vende uma penca de vitórias-régias de dedo
Pra gente andar na fogueira das camas vazias

Iansã fez bobó de alecrim
Quando Mãe Menininha fechou o terreiro
E trancou-se com febre-amarela
Araras-azuis, e chorou três carnavais
Em uma só novena de Santa Teresa

No frevo dos búzios
O resultado do futebol
Entre os galos de briga dos nossos ciúmes
Empatou
Porque no fim do cordel do Corcovado
A gente tira a fantasia de Reis
E se benze com capim-limão

A Alcione jogou o leite de coco
Das tetas da vaca mocha
Nas escadarias do Bonfim
E ela mugiu de saudades
Do bumba meu boi
Que virou pomba-gira
Lá em Juazeiro do Sul

Anda para trás
Jogando bolinhas de gude com o Curupira
A força que tenho para tirar as miçangas
Que o teu cheiro cerziu no meu cangote
Com o tear das fiandeiras do nordeste
Das paixões humanas

Na saliva da sucuri
Dentro do ovário do copo-de-leite do teu descaso

Nada o boto-cor-de-rosa
Da esperança de Iemanjá
Ensinar-te que o carnaval da minha carne
Pode te fazer um fevereiro de alegrias
Maior que o Amazonas

de volta

Foi trazido de volta
Puxado pelas mãos mansas
Depois de tantos rumores de morte

Eis que é vindo
O amor
Dolorosamente feito de novo
Feliz com os trezentos anos
Que resgatou do nada
E comeu
E gostou

Ao olhado de cima para baixo
Mostra, tímido
Que caiu em sedas
E agora consegue nos falar
Em nossa língua
Mesmo lhe pesando nas costas
A caveira de chumbo
Que lhe é veste íntima
Reabriu a boca
Para o berreiro de fome
E paz que havia perdido

Sabendo da queda das coisas
E respeitando, não temendo
O abismo
Vai consciente até ele
Para ouvir-se frágil
Como a casca da lua tatuada em nossa memória
Ele abre a casa parte a parte
Deixando lento
Que o mundo entre
Com ou sem chamas

E tem tanta coisa a guardar nas gavetas
E enterrar entre os tacos no chão

Em que anda solene
Arrastando trapos no peito costurado
E rompido
E outra vez deixado em pé

Só que agora já imagina
O tamanho da sua obra
E toma um pouco mais de cuidado

o ninho

Os filhotes de homem estão prontos
Nos berços, pelos cantos, hoje à noite
Lástima
A raça que não sabe amar voltou a pôr ovos
Pôr flores à toa
E cegueira em seus caminhos

As mães em guarda contra as moscas
Contra os gritos
Contra a permutação do ar milenar
No ainda inabalado coração
De suas sementes em broto

Serão também frágeis
Serão também para sempre ilusão
Serão outros pontos minúsculos
Nos mapas de seus estados

Os filhotes ainda estão limpos
Então deveriam acordá-los já
E contar-lhes tudo
Mas não, o sono é melhor
Ele veio nos interrompendo até aqui
E irá para depois de nós

levanta

Levanta, querido
Sai desse peso da verdade
E vamos colher flores
No grito dourado do sol

Tanto te amo
Que sou capaz de me ignorar
Sou capaz de bromélias
Sou apta ao líquido dos sonhos

Levanta
Vamos colocar bombas
Em todo esse concreto
Que nos prende em metros quadrados
De bobagens inúteis

Olha pra mim
E só me deixa erguer os braços
Pela tua esperança

Sai dessa cama

Nossas certidões de nascimento
Serão lápides de pedra
Então
Atiremos pedras
Para acordar a felicidade
Que deixamos dormir
No meio da chance de nós dois
Juntos outra vez

a feira das borboletas

Foi à missa depois da feira
Sacola trançada
Alface, ovos, um peixe
Jornal de embrulho
Porta-moedas de retalhos
Joelhos na madeira
Sol no vidro dos vitrais
Dos óculos, da compota de figos

A fé e a fome e o odor de orações
E o chute no peito
O dente vinha com dor também
Mas dor menor
Tudo de menos
Perante o cristal da água do olho
Porque Alceu
Havia estragado tudo para ela

Justo ela
A mulher que melhor lhe areou a pele
A dama de companhia
A nascente de herdeiros
A fiandeira da coberta
Para seu sono e frio
A fome extinta da vontade
De todas as carnes dele

Hoje o almoço seria para menos um
Mais corretamente menos dois
A fome dela é ar agora
A fome dela é de ovo
Com borboleta dentro
E não galinha em cima

Foi à missa depois da queda
Misturou Ave-Maria com ciúme

Alho e óleo
Só borboletas doravante
Quem vê cor de borboleta não esquece
Quem come ovo frito esquece

Alceu esqueceu
A borboleta mexe no ovo
O ovo no jornal
O jornal na alça da sacola
A alça no pulso em sangue
O sangue na cor pálida
Daquela que de joelhos
Nada esqueceu
Nem que o tempero para borboletas
É sal com loucura

pai devoto

O peso da gravidade
É o pai devoto
Lembrando a cada segundo
Feito mãe
Colocando diuturnamente
Comida na boca dos filhos
Que o chão está esperando
Para engolir
A sucessão de abandonos da vida

arroz

Por que não
Pousar o garfo na mesa agora
E afastar a cadeira
Com a vagareza das nuvens
Ensebando-se no céu?

Depois ir embora
Dobrar o município
Tropeçar o mar
Ser de toda gente

Conhecer o furor de cada coração
Estalando feito bombinha
Na fogueira de São João

Apenas ir
Passar
Fazer amor

Olhar nos centros de todos os olhos
Milagrar coisas conjuntas...
— Coma, minha filha. Senão esfria!
Por que não agora?
— Sim, mãe
É de uma importância profunda
Pro meu coração
A temperatura do arroz

lanternas

Será, anjo da minha idolatria
Que se trocasses tua voz por música
Não aprenderia eu a cantar
Para te acompanhar os suspiros?

Será que se de tuas mãos se fizessem plumas
E teus olhos se tornassem água
Não viraria eu vento para teus dedos
E peixe para teus cílios?

Será que se a cada noite que te vejo
Vulto te tornastes
Não brilhariam em meus ossos lanternas
Para te cercarem com luzes perfeitas
Colhidas nos sonhos dos imperfeitos?

Será que sabes, meu guia entre os vivos
Meu predileto entre todos os seres
Que por tua causa
A mão de Deus pousa em minha nuca
E me suspende das minhas ninharias?

Será, filho dos meus suores
Glória da minha mão aberta aos miseráveis
Que tens consciência
Da quantidade de lírios que semeias
Pelo chão em que pisas
Ou no céu que te emoldura?

Será que recebeste
As cartas rasgadas
Com teu nome em ouro
Sangue e tudo de meu nelas?
Será, anjo da minha não crença em anjos
Que eu posso assim tanto te querer?

Não, não sabes nada disso tudo
E é assim que sempre há de ser
Pois será que a revelação
Dos meus dois milhões de corações
Seria digna dos calcanhares
De quem já nem precisa mais de pés?

Não consigo parar
De roer as unhas das fronhas
Que protegem os meus sonhos

Não consigo deixar
De escorrer pelos poros da terra
Que descansa debaixo do mar

Não cabem mais nuvens
Na minha boca
Quando ela entreabre lábios
Na sua orelha

Sou outra coisa
Depois dessas horas
Que passo deitado
Ao seu lado

Não concebo outra saída
Senão pararmos todos
Por um minuto
E nos olharmos
Pela primeira vez

só fica

Só não me peças pra falar
Deita aqui que eu te reviro
E tudo fica mais para depois

Só não me contes nada
Não tentes nada
Além do que pode
O nosso encaixe

Não vasculhes

Se houvesse explicações
Elas seriam usadas contra a dor
E seria tão melhor
Se não precisássemos de amanhãs

São planos para um depois
Que pode ser arrancado daqui
Com a mesma força
Que rasguei tuas roupas
Para te ver melhor

Eu nunca pensei
Que fossem durar muito
Os nossos suores

Só não dês duas voltas na chave que nos tranca
Talvez um de nós volte

o breve teatro

Foi esquecendo de tudo
De como era o cheiro da casa
Da ordem das coisas no armário
Do volume dos panos na cama

Foi se acostumando com tudo
O gosto da água no barro
A penugem em cima dos móveis
A cortina caindo dos trilhos

Foi se aninhando na poltrona
Todos os dias nas mesmas horas
Com a mulher em seus braços
E as crianças gritando pelo corredor

Foi recolhendo bonecas
E caminhões do chão da sala
Quando os meninos começaram
A não querer mais fantasias

Foi ficando mais cansado com os degraus
Mais manso com seu coração
Falando muito menos
Percebendo o triplo

Foi ficando corriqueira
A música prensada nos discos
As caras crescidas das meninas
As vozes pesadas dos rapazes

Foi criando amor demais
Pela admiração das pessoas ao seu redor
Carimbadas com seu nome e sangue
Foi ficando a sós novamente com a mãe dos garotos
Vendo todos eles dizerem adeus

Foi ficando sem peso na alma
Cada vez mais vago
Com sua novamente namorada
Em seus dias de paixão envelhecidos

Foi ficando mais displicente
Com seus netos nos braços
Seu café fresco no copo antigo
Seu retrato do exército
Ao lado das porcelanas amareladas dela

Foi perdendo o contato
Com a urgência das coisas
E falava a língua das novas crianças
No velho tapete
Ao lado de seus pés enrugados
Esperando no chão roto
Os brinquedos daqueles dias de ontem

Foi ficando cada vez mais de olhos fechados
E reabrindo as portas do rádio
Para que voltassem a planar no ar
As melodias de quando seria o rei do universo
E as percebeu bem maiores
Do que seu coração jamais sonhara

Foi ficando deitado
A nova ninhada de homens marcados
Com os mesmos olhos que os seus
Sempre ao redor
Puxando suas barbas
Imitando seus gestos
Encenando inocentes
Num teatro espontâneo
Toda sua vida
De trás para a frente

Foi ficando muito frágil

Foi ficando muito distante

*

Foi levantando pequenos voos
Até que as crianças disseram:
"Vovó, o vovô se enrolou em suas músicas
E nos contou o que é o amor e o mar
E foi ver a luz do sol lá fora com os pássaros
E mandou que roçássemos no seu rosto
Nossas mãos cheias dessas lágrimas azuis
Que tirou do céu da boca"

verde

Há uma claridade esverdeada
No hemisfério periférico
Dos olhos do garoto
Que me apareceu
Num princípio de madrugada

Há uma calma tímida em seus ombros
E quando pego de surpresa
Cobre a boca com as mãos
Seus cílios tombam em desespero
Há nele um pouco de ilusão
Um pouco de pequenos encantos à meia-luz

Vive num pedaço do mundo
Onde o ar o fez tão belo quanto puro
Com esse menino eu comeria mato selvagem
No campo em pleno verão
Dormiria aninhado nele
Como duas serpentes
Escreveria meu nome
Com barro em seu dorso
E choraria sempre
Que ele me abraçasse por trás
Fazendo minhas costas romperem-se
Em pétalas embriagadas

Com essa criança sagrada
Eu criaria contos
Inventaria imagens
Mergulharia nu na água fria
Perceberia o estrondo que é a luz do sol
Desvendando nossos corpos agarrados

Há um devaneio em vê-lo
Só em vê-lo

E uma necessidade bruta
Em guardar sua memória para sempre

Esse menino que digo
Com ele
Olhando em seu rosto
Eu romperia sem medo um dia de chuva
E diria com paciência de monge:
O amor é a pura razão
De nossas bocas encostadas

E a chuva cessaria
Em nossa homenagem

a luz como mestre da verdade

Em mim dói mais forte de manhã
A saudade do amor
À noite
Pode-se contar com o desentendimento momentâneo
Do sono
De manhã não
É a vida inteira se alastrando
Sem golpes de escuro
Tudo às claras
De manhã
Não dá para não perceber o silêncio
O arrombo de cada ausência

Por mais que digam
Que é no breu que se perde o rumo
Insisto na luz como mestre da verdade
Acredito no berreiro do sol sobre nossos olhos
Como norte dos nossos pecados

Amanhece, amor
E não tenho o cheiro ruim dos seus líquidos
Ressecados na língua sonolenta
Para me avisar da sua vizinhança...
Amanhece e tudo que isso revela
É a minha mão buscando a sua
E colhendo o vácuo
De todo um universo
Sem suas pestanas abrindo
A engenharia dos seus olhos
Que tanto me avisaram do paraíso

Amanhece sem você
E isso me quebra os movimentos
Anula-me nos dedos dos pés
Os passos de tentar ir à diante

Amanhece
E em mim isso provoca tanto sangue gelado
Tanta inaptidão para ser bípede
Trançar palavras no ar da boca
Beber o estouro manso
Do gomo da tangerina
Calçar sapatos
Abotoar chagas...

Amanhece na festa dos orvalhos
Virando vapor
Só permanece o cheiro
Do seu suor quando eu o lambia
Só permanece a lágrima
Que eu engolia quando muito você sorria
Só permanece o resto da minha vida
Quando nela você cabia

Louvo a essência de cânfora
Nas mãos da minha mãe
Quando ela coloca a primavera
Em compressa na minha garganta
E o choro da minha infância
Deixa-me ser um homem melhor

Louvo o barbante
Com a voz da minha avó
Na transversal do meu peito
Rezando em banho-maria
A ladainha
Que canta pro mau agouro dormir
Longe do meu coração
Quando ele tenta brincar
De roda com o amor

Louvo o pio da viola da noite
Estirando cordas para amarrar a ponta
Na qual minhas lágrimas tropeçam
E passam da alegria ao amargor
Sem se darem conta de que eu me perco
Quando elas mudam a alma de suas águas

Louvo esse estado de vida
Que me encerra de infinito

as meninas enfiadas no verão

Foram banhar-se no rio
Coitadas! Não fui
É verão
Ficam todas risonhas
Porque existe luz
E a coreografia dos líquidos

Não fui. Não vou mais
A água quando me tateia
Põe-me estranha
Tenho reações
Tenho químicas
Desenfreadas

Se é assim como agora
Calor a pino
Faço sono
Cisco o cimento
Acampo na sombra

Uma vez tentei
Era algo perto de um fevereiro
Pulei no rio!
Não afundei de imediato

A água apalpou cada curva em mim
Tive aquela coisa
Soltei aqueles gritos
Sofri
Aqueles silêncios arrepiados

Foram mergulhar
Porque são moças novinhas
Fiquei madura
No começo dum março qualquer
O mês
O bálsamo

★

Chamaram por mim
Disse obrigada
As teias no leite da terra
Que enchem o rio
Fazem bagunça cá comigo

Não fui
Já virei loba no cio uma vez
Tenho medo
De estragar a memória disso
Não fui
Não preciso mais

ramalhete

Fiz um amor de tirinhas para nós
De todas as cores possíveis
Amarradas no teto da janela da rua
Quando bate o vento elas se embaralham
Confundem seus pezinhos de cetim
No azul vagaroso do céu

Olhando isso meus olhos se enchem de água doce
É que tenho uma fé calma
De que cada uma das fitinhas
São cem anos de nós
Soltando borboletas no ar do paraíso
Num dia de pouco Deus pai todo-poderoso
Levando-nos à morte

Então as fitinhas se alvoroçam
Fazendo uma trança intrínseca
E meu coração quase se arrebenta
De tanto sonhar
Com a base da tua unha
Assustando-se com um beijo meu

joão e o amante

Ele dorme ao meu lado
Fez de mim um homem
E repousa
Sem orgulho da sua obra
Sigo claro
Olhos coerentes agora

Ele me encontrou
Numa encruzilhada
Por onde cruzavam
Todas as minhas misérias

Chamou-me
Olhou para mim
Antes de tudo
Acima de tudo
Melhor que tudo

Amou-me em primeiro
Depois acolheu meu fardo
Lavou-me as unhas gritadas
Aparou as extremidades arruinadas
Em meus cabelos

Deitou-se ao meu lado
Todas as noites
Beijou-me sem me tocar
Em nenhuma lágrima
Ficou íntimo da minha respiração

Ele me encontrou
Num naco espesso de noite
E com a força das palavras que não disse
Devolveu-me a mim
Eu o amo hoje de amor erudito
Com a firmeza de Deus se desculpando

Através dos ângulos no rosto dele
Ao meu coração

Ele dorme
Depois de se apertar animal-roxo
Na força terna dos meus braços

Talvez seja o mais feliz de nós
Talvez saiba melhor do que se trata
O amor e a delicadeza

Se existe uma luz
Mansa nesse mundo
Ela é o seu manto
Ela é seu rosto de pedreiro
Da minha alma em repouso
Ao meio-dia,
Entre cascas de laranjas
Sóis retos
E o eterno susto
De tê-lo abaixo dos meus cílios
Dentro todo em meu universo
De João pequeno
Que conseguiu retirar os dedos
Ainda vivos
Da moenda da solidão

Dorme com os anjos
Porque eu sei
Que eles também choram de prazer
Na tua presença

o banheiro das sarnas

Transpira cheia de sarnas
Minha vontade quebradiça
De realmente sair do lugar tacanho
Em que o egoísmo amontoou
A carcaça da humanidade
E tudo depois da insônia
É um vasto templo de interrogações

Estamos
Eu e minha vulgaridade
Ajoelhados no chão do banheiro imundo
Onde cortaram o pescoço da piedade

Estou à deriva nesse oceano de crueldades
No qual o sol arrebenta a minha testa a cada doze horas

Fedem os tremores
Das minhas mãos
Que nada fizeram
Além da comiseração
De se autoproclamarem doloridas

E a dor depois da dor
Tira seus adereços
Revelando-se uma amante obcecada
Que demora grudada em nossas veias
O tempo exato da existência

Por aqui é renda
Bolo de aipim
Rosca de cará
E a miséria de nós

Sabe-se lá
Quem pode com isso?
Estou desconfiado da vida
Com ela não se pode contar
Às vezes
Ela enfia a faca de pão
Na garganta

Dói tanto o que não se controla
Sangra pior
O que não rasga a pele
Vai mais fundo
Quando se finge suportável

Bate a cabeça nas xícaras
Bate a cabeça nos travesseiros
Bate minha cabeça na tua
Bate a cabeça no céu
Por aqui é pano de prato
Secando o vômito da tristeza

Será que eu lembrei
De te convidar
Pra tomar café comigo aqui
No jardim do inferno?

A partir daqui
A gente joga fora
Uns pedaços da sua barriga
Coloca o bisturi numa redoma
Fotografa
Posta na internet
Com todos os seus dados alterados

Repousa os queloides da coragem
Que lhe tiraram
Junto com o osso do seu nariz
Em esparadrapos cirúrgicos

Enquanto você não escuta
Que tem gente batendo no seu portão
Pra avisar que nasceu
Uma margarida vagabunda
Perto da caixa de gordura

a paixão do chão

O céu é a paixão do chão
Por isso a terra vomita árvores
Na tentativa de puxar a boca de uma nuvem
Para beijar

ensaio

Não vai sobrar ninguém em pé
No quarteirão demolido
Do nosso cansaço

Serão milhares de formigas
Corrosivas
Como pensamentos vazios
Cavocando o sono sem chão
Das ilusões

Descerão persianas
Isentas de fatos
Na primeira película dos nossos olhos
E os cílios darão a mão à cegueira

Não vai caber mais líquido nenhum nas veias
Não haverá mais rascunho
De nenhum tipo de voo

O arco-íris alcançará as minhocas
O sol vai conhecer o inferno
A água vai ser mais áspera
Que os pesadelos

As cores
Estarão um pouco menos impertinentes
De cores
Durante esse cinza
Intragável da brutalidade

A indiferença vai subir
A uma altura nunca antes desenhada
E as aves continuarão fiéis
No enfeite do nosso rastejar

Enquanto continuarmos acreditando
Que tudo está preso aqui
Nessa sala de ensaio da felicidade

em conserva

Depois de amanhã
Hoje não
Nunca pensei que pudesse esperar

Esperar que amadureçam
As sementes em teus sonhos

Eu te sonho sem restrições
Na exata hora te agruparei em meus sorrisos

Nosso acontecimento há de ser calmo
Cuidadoso

Cada detalhe de nós
Será uma gota fecunda em terra ouriçada

Depois desta hora
Com ímpeto adestrado colherei tuas mãos
Colocá-las-ei deitadas sobre meus ouvidos
E o sol se erguerá lentamente
Por doze vezes em um só dia

Fincaremos raízes em nossas sílabas
Para que não se percam à toa nossas palavras
Deitaremos o fogo azul em nossas gargalhadas

Se acaso te sufocarem de urgência
Os teus pelos meus quereres
Conta números até passar

Não estamos aqui para a aflição
Hoje acabará logo mais
O amanhã bem costurado
Há de nos deixar mais velhos que o mundo
E, principalmente
Mais leves do que a ideia que temos dele

*

Por enquanto a felicidade se fará assim
Parados um na conserva do outro

A preparação lenta é mais forte
Do que a sangria
Consumida em quinze ou dez minutos

Nosso amor caminha manhoso
Esculpindo em si músculos inabaláveis

A paciência é nosso trunfo
Então apenas te olho por enquanto
Amanhã te cravo os dentes

Ontem
De novo
Tive vontade
Sem valentia
De desrespeitar a noite
Bater na tua porta
E morder tua beleza

Estraçalhei o travesseiro nos dentes
Rezei pr'um deus
Em que deixei de acreditar
Virei para o lado
E não dormi nunca mais

A verdade absoluta
Esfarela
Não se consegue
Mudar de destino diariamente
Por isso não se alcança
O rabo da felicidade

Aprende, amor
A rumar sem rumo
A buscar de cada coisa
Só o que cabe nela

Por mais que te assustes
Tu sopras
Eu tempestade

E a única chance
De deixarmos sementes
É cravarmos unhas
No imediato da alegria

o lugar real

Havia me esquecido
Do que era olhar
Para o andar de alguém
E sofrer de alegria

Mas veio ele
Cujo nome é oculto
Como é oculto
Andar pela sua cama
Fazendo rodeios
E criando imagens

Tinha tanto medo
De que ele me esquecesse
Enquanto eu dormia
Que no começo
Parei de sentir sono de propósito

Sei que quando tudo acabar
Os vestígios serão mais ácidos
Em mim do que nele
Pouco importa
Quando ele se for
Continuarei a tentar viver
Com os pés no chão
Talvez consiga

Agora é só isto:
Seu peso em mim
Como se o mundo
Fosse um lugar real
Para exercer o amor

Guardo meus pensamentos
Nas gavetas profundas da noite
Porque elas são esquecimento seguro

Se os trouxesse à luz do dia
Quanta desarmonia
Quantos sangues branqueando nas veias
De quem já beijei

Trago trancado todos os devaneios
De uma alma desajustada
Se os esfregasse nos olhos dos meus vizinhos
Seria expulso do bairro
Afogado na água morta
Da chuva nas poças

Trago um profundo respeito
Pelos detalhes
De cada vida ao meu redor

meia língua em cada boca

Tem sido quieto meu nariz frio
Na procura de ar
Para o respirar arrastado
Que por pouco não me delata:
Amo outro homem
Enquanto durmo
Abraçada em teu coração

Foi um acidente
Deixar que ele me fizesse juras
E me catasse flores tão distraídas

Meu peito abriu tecidos
Mesmo pensando em ti
E deixei o outro passar as costas das mãos
Em meus contornos

Contigo é a certeza de um amor
Cozido anos e anos em finos requintes
E doações nervosas

Com ele é molecagem
É o que me faria nua só de soprar
Por ti nuca branca
Por ele tardes a fio com a bochecha rubra
Os dentes rasgados
O músculo amoroso
Por debaixo dos seios
Beirando a histeria

Dói
Como dói
Os teus olhos que me querem
Certos como Deus nos quer
Arrastando-nos à morte
Os teus cuidados
Que me lavam na luz do teu rio
E me rebatizam a cada passo

*

Tudo isso eu traio
Até renego
Quando ensurdecedora
Sobe-me a ânsia
E me arremessa à janela
Catando louca com os olhos explodidos
O rastro dele-outro

Ontem ele cruzou conosco
No passeio público
Não o viste
Não o sonhas sequer
Quase te larguei o braço
Quase rompi com teu céu
E fui a ele
Bem na alvura de seus cabelos
Para me estirar ali
Neles
Com eles
E para ele

Ai!
Como dilacera
Tu não mereces

Eu padeço
Não mereço eu
E ele, pobre
Diz que me aguarda
Diz que não chora
Mas sei que anda berrando
Feito filhote faminto

Ave Maria
Que descestes do céu
Rogai por nós
Na trindade do meu embaraçado coração
Vinde a nós
Com vosso manto sujo

De dor e sangue
E afastai de mim o amor
Que não tiver fibras suficientes
Para vencer as paredes
Desse chuvoso outono

Dorme, meu querido
E vou fazendo-te cicatrizes inodoras pelas costas
Enquanto minha alma se escangalha
Contra os ossos em homenagem a outrem

Tem sido quase insuportável
A batalha igualada lado a lado
Dentro das minhas fibras de depois da carne
Além do sono

E se podem clamar aos céus
Aquelas que se contorcem
Feito cascavéis como eu
Atiro meu veneno aos anjos
Cuspo um apelo agressivo para cima
Para que alguém unifique
O intolerável e delicioso dueto
Que vem me levando o estômago ao inferno
E limpando o bolor nos meus beijos

Dorme
Enquanto o outro passeia
Descalço pelo meu pescoço
E acentua minha alucinação feita boca adentro
Quieta
Quietíssima de causar sal líquido
Em meu olho duvidoso

Meu coração está inflamado
Meu coração abriga dois homens agudos
Cada qual em sua cadência particular

Temo não poder viver ao separá-los
E expulsar um deles para outras periferias

*

Por enquanto sou assim
Uma mão em cada peito
Meia língua em cada boca
E um umbigo aberto
Que ama dia e noite
Sem intervalos
Sem saídas

a marcha das sombras

A marcha de homens silenciosos
Rumo à necessidade de calejarem suas mãos
Molharem com suor suas testas
E com isso ganharem o pedaço de pão divino
Que desce das árvores ou sobe do chão

A eterna caminhada
Em busca de embaralhar o tempo
Para que ele talvez não passe
E não os arraste tão rápido
Para longe
Do que eles ligeiramente conhecem
E aceitam quando tudo é noite
Amansou-lhes no estômago dos sonos a noite

A trilha minúscula daqueles
Que mesmo encantados entre si
Ainda maltratam
Deu marcha à ré

Porque nem sempre é noite
Nem sempre há de se cumprir a marcha
Às vezes a luz perdoa
As águas amansam
E todos se sentam em roda
Para que, quem sabe
Com muita sorte alguém cante
E os presenteie
Com esses rascunhos líricos de imortalidade

Passariam dias assim
Ao sol
Ao sonho
Ao ritmo intocável do som supremo
Que brota dos seus próprios vãos

Passariam assim toda a vida
A mão no cabelo alheio
Os olhos no fim da barra da pele do céu
Os frutos ao redor
Doces de dar compaixão

Mas não cabe a essa raça
Esse tipo de grandeza
E por saberem disso
Logo as nuvens proíbem a visão
E o homem na sombra se permite mazelas
O homem na sombra acredita
Ser menos cego do que o outro
O homem à meia-luz
Beira o terror da sua verdade

Mas não falemos nisso...

Ainda é dia sem marcha
E as nuvens se foram
Restam ainda minutos
Alguém, por enquanto
Pode ter a inspiração para dançar
No meio da procissão da vida

E caem exaustos
Os prazeres consomem os homens
E até para isso há conserto
Dormem entregues
Sonhando que podem ignorar a morte
Já que houve tanta claridade
Açúcar e o calor de sangue acariciado

Daqui a pouco a marcha recomeça
E recomeça até afinar os músculos
Até adoecer os andarilhos
E seus filhos os deitarem
Em algodões e elixires
E instintivamente tomarem para si
As rédeas do calvário divino

Que é a passagem do homem
Por entre as árvores do caminho

Talvez seja segunda-feira agora
Ou qualquer outra arbitragem de tempo
O que importa?

Alguns bocejam e não querem seguir
Outros o fazem às cegas
Outros perdem o passo e anotam na íris
Impressões divinas da arquitetura das matérias
Mas seguem

Seguir é a razão primitiva
É tentar fugir do que não se escapa
É desenhar no ar
O volume do cheiro das suas almas
Para deixar pistas preciosas
Àqueles que vêm atrás

vaidade

Reviraram os sacos de lixo na calçada

Comigo tudo é quieto e insuficiente
Quero a cor dos olhos dos outros em mim
A maciez da pele do menino da revista
O comprimento dos ossos
Do homem do outro lado da rua
E se me deixo demorar nisso
Chego ao sofrimento quase real

Queria a fluidez das palavras de alguém lúcido
O desenho do queixo mais bruto
E reviraram os restos na porta de casa

Por trás das fibras da pele na testa
A dor empurra as sobrancelhas
Devem ser os olhos cansados
De tanto verem o que vemos

E o mesquinho toma o controle
Do vazio em nossos desejos

Reviraram o que para mim
Já não valia mais nada
Bem em frente ao endereço
Onde não consigo mais dormir direito

E todos os dias tem sido assim
Eu e meu cretino descontentamento
Com a matéria
Que me representa perante o mundo

E um vulto procurando em minhas sombras
Algo que não sei
Não sei tanto quanto o meu coração

De que vale a forma correta
Em uma carne nula em arrepios?

De que serviria os desenhos sonhados
Para alguém que deita e levanta cego de si?

Será um cão que destrincha o lixo?
Será um homem?
Seria eu sonâmbulo?
Seria o lixo intacto
E eu podre de vergonha na calçada?

Então me tranco em casa
A visão da rua me apavora
As bactérias roendo os restos de carne na sarjeta
No fundo do saco preto
Atordoam-me

Para que tanta vaidade
Em um desgraçado medroso de suas falhas
Como eu?

Será que eu sentaria no pavimento
E esperaria o caçador de decomposições
E com ele conseguiria um pouco de realidade?
Creio que não

O mau cheiro impõe barreiras aos fracos
Os maus panos alardeiam preconceitos
Nossos dentes limpos nos trancam
Em cerimônias ocas de sorrisos públicos

O espelho que engana os nervos
Nos ilude da eternidade
E envelhecemos tão rápido
A cidade nos amontoa
Em seus cantos estreitos

Queria apenas alguém
Com quem dividir a insônia

Alguém que me ensinasse
Um tipo qualquer de fé
E escutasse meus péssimos pensamentos
E risse comigo
Das minhas imperfeições
Antes que eu vá para o lixo
Sem nunca ter feito nada
Que eu possa lembrar
Sem ter a boca seca

Remexem em tudo lá fora
Ninguém remexe comigo
Só minha vontade de ser Deus
E minha baixeza de alma
Em não colocar um copo de leite
E algumas palavras de amor na calçada
Ao lado do lixo

diário do brejo

Venha deslizar as jabuticabas
Que moram no ápice dos seus dedos
Sobre meu rosto
Porque ele hoje acordou
Parecendo mentira de tão simples

Venha antes que acabe a água
Do reservatório municipal
Teve tempestade essa noite
E estourou toda a cidade

Traga velas
Que escrevo no escuro
Não temos eletricidade
E mesmo que fique cego
Continuarei encaracolando tinta no papel
E criando símbolos

É bom quando tem suco de laranja
Ao invés de álcool no jantar
O corpo parece ganhar vida
Enquanto a alma
Sempre doente
Pede por alucinógenos
— Aquiete-se, mulher!

Parece alegria essa limpeza
Que se agita sobre mim
E talvez seja
Tia Tê fez pão doce
E nos mandou uma dúzia
Retribuímos
Com um saquinho de sementes de orquídea

Só falta você
Que acabou de sair quase agora

E já fez uma necessidade aqui
Por dentro e por fora
Que mesmo no breu
Vejo seu peso
Sobre as cascas no chão
É tempo de nozes

Queria sempre que cá estivesse você
Quando sucedesse de eu ter maciez na boca
E as sobrancelhas fortes
Quem sabe é por causa desse amor todo
Que sempre quero e fico querendo coisas

A luz voltou
Olhou esse pedaço de papel
Que trabalho em sua lembrança
E preferiu reacabar-se mais
Até amanhã

Venha de volta desligar
Essa máquina de fazer ruídos
Que fica na minha memória
E que só por saber que você é concreto
Enche-me a boca de cantorias

Capriche na ignorância de mim
Durma satisfeito da metade de si
Exponha as rasteirices
Que lhe povoam
Solte-me de tanta solidão
Falsificada de amor

Desejo para os seus toques
Entorpecentes
Para a sinuosidade escandalosamente ardida da sua língua
Anestesias
Para o seu volume homérico em cima de mim
Amnésias

Vá pra sua casa
Fale seu idioma
Seja o que foi desenhado pra ser
Minha memória por você
Caducou

Já não posso mais perdoar
Quando você esquece seu melhor
Do lado de fora
Do que coloca dentro de mim

Mostre o que eu relutei em ver
Quero esquecer seu nome
Quero lhe desejar boa sorte
Mais que isso
Quero que essa sorte
Seja nossa distância

Minha memória por você secou
Eu que cuide de mim
Eu que reate com a beleza da vida
Sem que ela esteja emoldurada de você

São três campos de batalha
No dali eu o menosprezo
No de lá eu o idolatro
E no daqui eu me desequilibro
Com a judiação
De você ser demais
De menos
Mas não ser meu

porque o céu salvou o amor

O amor achou brecha
Entre uma e outra noite
Para levantar a mão direita
Espalmada
E segurar no vão dos dedos
Um pouco de oxigênio

O triste do meu coração
É que ele confunde o ato de estar vivo
Ao de estar amando
Tiram-me o amor
E perco as mãos de reestender ao céu

O amor no fundo
É uma configuração de mim
Da qual subo por dentro das paredes
E me defendo
Despeço-me, encanto-me
E me desfaço do pior do mundo

Hoje ergui novamente a mão direita
Encontrei a ponta dos teus dedos
E reazulou-se todo o manso dos ares

É claro que você pode ser feliz
Na minha frente
Quem lhe disse que pra isso
Você tem de pedir licença?

Deixe de ser tão sem mim
E deite aqui
Nesse momento
Em que somos tudo isso de nós dois

É óbvio que no meio das nossas lágrimas
Você pode ter dúvidas

Cuidar de você
Faz de mim
Aquele que deixou de ser mesquinho
Percebe quantas saídas me deu?

pele fina

O meu coração sumiu de mim
Porque tenho a pele fina
Qualquer pedra atirada em minha nuca
Acabaria me matando

A judiação contínua dos meus afetos
Levou-te embora de mim
Quando tranco portas
Quando olho pessoas
Quando me aproprio da luz do sol
Há uma insuportável solidão minha
Comigo mesmo

Todos se foram
Como se não me suportassem
Como se a pena de serem meus devotos
Deixasse-os violentados

Agora à tarde fui abandonado
Pelo meu perdão
Aos poucos tornam ao infinito
Meus bons sentimentos
Foram viver na proximidade
Da tua sombra

Meu distante amor
Não me escutam
Não querem saber
Que para eles todos
Não haverá descanso ao teu lado

E por incrível que pareça
O que restou comigo
Essas poucas coisas
Ainda tendem à tua busca

puxar cabelos

Há uma muralha verde
Circundando a mata virgem
Que se impõe no queixo da minha janela
Tentando me cobrir de folhas
Quando meu quarto não é árvore

E eu fujo
Porque imaturamente
É mais certo em mim
Escapar da paz

Um dia tropeçarei comigo
No desatino do sol no chão
Brincando com o corriqueiro da grama
Que tenta me ensinar a deitar

E eu continuo pulando
Rumo a um firmamento
Que nunca me puxa os cabelos

o corpo atravessado no sono duplo

Vou lembrar tudo
Até o fim de mim
Teu cheiro de silêncio
Teus cabelos em minha boca
Por comunhão lacrada
Por respeito
Ao que de mim o mundo comeu

Quando vier muita saudade
Talvez eu cante
Talvez apareça na tua porta
E não chame
Talvez olhe sem rodeios o teu retrato

Por hoje é só essa dor calma
De ter ido embora depois da fé
Com ela partida
E dobrada debaixo do braço

Vou lembrar cada sorriso
Cada sono duplo rompido no meio da noite
Pelo frio e pelo teu corpo atravessado
Bem no meio da minha vida

esse de agora

Também não seria esse de agora
Que lhe traria o desespero sonhado
Esse de agora era em linha reta demais
Com entranhas mansas de se esmiuçar

Tinha mornos na mente e só soltava a metade
O resto ela adivinhava com exatidão
Ele deveria querer ser um animal mais sáfaro
Mas quando beijado de leve
Era um segredo de portas abertas

Esse de agora rezava em sua defesa
Tinha cuidados tolos
E errava cada via de se mostrar impossível
Não suspeitava que ela precisava de escuro
De assaltos

Esse de agora
Quando em frente ao próprio coração
Era miúdo
Tinha medo
Quando ela dizia parte de seus motivos
E num esforço generoso calava-se e ouvia

Não seria esse de agora
Que levaria embora
Cada paisagem secreta do seu mundo
Não seria com esse de agora
Que faria coisas vergonhosas
Porque não era esse de agora
Quem não lhe faria nada
E mesmo assim ela estaria morta depois dele

unhas arrancadas

E ele nunca mais apareceu aqui
Depois do repente que o levou

Tudo é castigo por onde encosto
Doendo como arrancar as unhas

Às vezes nem sei se é saudade
Ou se depois do desespero os olhos
São empedrados assim mesmo

As coisas da casa
A torneira
O tapete do banheiro
O corrimão
O botão do despertador
As hastes do ventilador

Tudo parece secando
Esperando o milagre
Do toque dos seus dedos

E as flores que nasceram
Depois da minha solidão
Entortam de azedume
Os ferrões das abelhas

calma

Amar-te é
Quem sabe
Um processo lento
Uma montagem exímia
De suspiros

Durante o bom tempo
Sair para pescar goiabas no sertão
Lutando até contra mim
Restaurando os velhos modos
De sustentar afetos

Amar-te é um poema lento
Sem poesia alguma
Simples
Certeiro
É ter sonhos
E fervê-los na paciência
De que talvez nunca venham à tona

É guardar meus anseios
Em imersões de erva-cidreira
E não esperar jamais
Que entendas os espinhais da minha alma
Quando choro
E ando para além de Deus
Durante a feitura carnal do amor

Amar-te é
Eu sei
Os instantes divinos sabem
É como um padecer doce
Que faço com loucura sarada
Às mordidas invisíveis
No mais diáfano tecido do meu corpo
Que chega quando se deita com o teu
A lugares malditos
De tão perfeitos

a corrente de orações das serpentes

As cortadoras de cana são mestres
Em tapear o sol na cabeça
Com bolos de tecidos
E ouriçar a poeira

Andando desaforadas
Ao meio-dia
Entre cobras
E a violência do verão
Seco de escorpiões
E saúvas

Só para levarem a marmita
Com o nome do pai
Do filho
Da filha
Do espírito da fome
Por ora enjaulada
No casamento do arroz com o feijão
À boca da santíssima família sua

Que de mãos espancadas de necessidade
Param por quinze minutos e
Não
Não se acariciam

Enchem o estômago
Estufam os músculos
E voltam ao ofício amargo
De cortar o açúcar pela raiz

Para terem onde dormir juntos
Quando as estrelas permitirem
Que
Sem querer
Um corpo
No tombo do cansaço
Se reconheça no outro

★

Então os insetos
E as serpentes
Em corrente de orações
Seguram a noite um pouco mais

Para que descansem
As cortadoras de cana
E acordem mais aptas
A no meio do de repente
Distribuírem
Beijos na testa

tipologia DANTE
papel SUZANO ALTA ALVURA 90 G/M²
impressão CROMOSETE, julho de 2012
tiragem 1000

A marca FSC® é a garantia de que a madeira utilizada na fabricação do papel deste livro provém de florestas que foram gerenciadas de maneira ambientalmente correta, socialmente justa e economicamente viável, além de outras fontes de origem controlada.

FSC
www.fsc.org
MISTO
Papel produzido
a partir de
fontes responsáveis
FSC® C106054